AF150728

Johann Heinrich Grischow, Johann George Kirchner

Kurzgefasste Nachricht von ältern und neuern Liederverfassern

Johann Heinrich Grischow, Johann George Kirchner

Kurzgefasste Nachricht von ältern und neuern Liederverfassern

ISBN/EAN: 9783743488335

Hergestellt in Europa, USA, Kanada, Australien, Japan

Cover: Foto ©Thomas Meinert / pixelio.de

Manufactured and distributed by brebook publishing software (www.brebook.com)

Johann Heinrich Grischow, Johann George Kirchner

Kurzgefasste Nachricht von ältern und neuern Liederverfassern

Kurzgefaßte Nachricht

von

ältern und neuern

Liederverfassern.

Anfangs

von

Johann Heinrich Grischow

im Druck ertheilet,

nunmehro aber

verbessert und vermehrter

herausgegeben

von

Johann George Kirchner,

Archidiacono bey der Hauptkirche zu U. L. Fr.
in Halle.

Halle,

im Verlag des Waisenhauses, 1771.

Geneigter Leser,

Es haben schon vor langer Zeit mehrere Lieberfreun-
de gewünschet, von den Lieberverfassern in den
zwey Theilen des Freylinghausenschen Gesangbuches a) eine nähere Nachricht zu erhalten, als welche eine der vollständigsten Liedersamlungen in sich fassen,
und nicht nur in einen bequemen Auszug b) gebracht, son-

a 2   dern

---

a) Der erste Theil ist im Jahr 1704; der andere Theil aber,
dessen Vorrede A. 1713 datiret ist, im Jahr 1714 zum ersten
mal herausgekommen, beyde in länglich 12mo.

b) Die erste Ausgabe dieses Auszuges aus beyden Theilen, dessen
Vorrede A. 1717 den 12 Julii datiret ist, ist A. 1718 in groß
8vo ans Licht getreten.

Vorrede.

dern auch, nach des sel. Herrn Past. Joh. Anast. Frey=
linghausens Tode, von dem nun sel. Herrn Consistorialrath,
D. Gotthilf August Francke, zusammen in Einem Bande
mit einer neuen Vorrede herausgegeben worden. c) Um
dieser Ursach willen hat, annoch bey Lebzeiten wohlgedachten
Herrn Past. Freylinghausens, Herr Johann Caspar
Wetzel in dem vierten Theil seiner historischen Lebensbe=
schreibung der berühmtesten Liederdichter, Herrnstadt, 1728,
in 8v. gleich nach der Vorrede ein Verzeichniß der Lieder=
auctorum von den 758 Liedern, so im ersten Theil dieses
Gesangbuches enthalten sind, mitgetheilet. Dieweil aber
der Augenschein zeiget, daß dasselbe theils unvollständig und
mangelhaft, theils aber in mehrern Numern unrichtig gera=
then; so ist dadurch dem Verlangen der Liebhaber noch kein
rechtes Genüge geschehen. d)

§. 2.

c) Unter dem Titel: Joh. Anast. Freylinghausens, weil. Past. zu
St. Ulrich und des Gymn. Scholarch. geistreiches Gesangbuch,
den Kern alter und neuer Lieder in sich haltend rc. Halle, 1741
in median 8v.

d) Selbst der sel. Herr Consistorialrath D. Francke hat mir einmal
den andern Theil des Freylinghausenschen Gesangbuches von
1719

Vorrede.

§. 2. Nachdem daher dis Freylinghausensche Gesangbuch vollständiger in Einem Bande herausgekommen war;
so veranlaßte dis den Herrn Inspector Grischow, e) die
Liederdichter desselben näher zu untersuchen, und zu seinem

a 3 eigenen

1719 in länglich 12mo mit beygeschriebenen Auctoribus communiciret, die, ob sie wol größtentheils richtig, dennoch sehr unvollständig waren.

e) Herr Johann Heinrich Grischow, vier und vierzig jähriger Inspector der Cansteinischen Bibelanstalt bey dem Waisenhause
zu Glaucha vor Halle, welcher aus Osterode im Halber-
städtischen gebürtig war, ist 1754 den 6ten November im
77sten Jahre seines Alters selig verstorben. Er hat sich
nicht nur in dem ihm anvertrauten Posten wohl verdient,
(s. Herrn geheimen Raths von Dreyhaupts Saalcreis, 2 Th.
S. 161 und 147) sondern auch in der gelehrten Welt sonderlich durch Uebersetzung vieler nützlichen Schriften bekannt gemacht. Und weil ich ein ziemlich vollständiges Verzeichniß
davon in Händen habe; so erachte nicht für unbienlich, solches bey dieser Gelegenheit hier bekannt zu machen.

1. Aus dem Englischen ins Lateinische.

1. IOSEPHI BINGHAMI *origines siue antiquitates eccle-
siasticae.* Volumina X. in 4t. Halae 1724 et seqq.

2. EIVSDEM *dissertationes IV in origin. ecclesiast.* Halae,
1738 in 4t.

2. Aus

Vorrede.

eigenen Gebrauch ein Verzeichniß davon zu entwerfen, da=
bey aber doch im Anfange noch manche Lücken übrig blieben.
Weil er inzwischen in seiner Station eine weitläuftige Cor=
respondenz führete, sich auch unermüdet hierin bezeigte; so
glückte es ihm, nach und nach immer mehrere Auctores zu
entdecken und aufzuzeichnen.

§. 3.

2 Aus dem Englischen ins Teutsche.

1. Thom. Greens Betrachtungen über die vier letzten Dinge,
Halle, 1736 in 8v.

2. Jsaac Watts Versöhnopfer Christi, Halle, 1737 in 8v.

3. Aus dem Lateinischen ins Teutsche.

Anton Wilhelm Böhmens geistreiche Gebete ꝛc. Altona, 1731
in länglich 12mo.

4. Aus dem Teutschen ins Lateinische.

1. D. PHIL. IAC. SPENERI liber *de natura et gratia,*
Francof. 1715 in 8v.

2. AVGVST. HERM. FRANCKII *idea studiosi theologiae
et monita pastoralia,* Hal. 1723 in 8v.

3. EIVSDEM *Christus S. scripturae nucleus,* Halae, 1724
in 8v.

4. EIVSDEM commentatio *de scopo Vet. et Nov. Test.*
Hal. 1724 in 8v. (Vom A. Test. hat er nur von S. 51
bis 60, vom N. Test. aber ganz übersetzt.)

5. EIVSDEM *de gratia et veritate,* Hal. 1733 in 8v.

6. EIVS-

Vorrede.

§. 3. Zu gleicher Zeit geruheten ein noch im höchst=
venerablen gesegneten Alter lebender **regierender Reichs-
graf,** sich zu Dero Ergötzung in eben diß Feld einzulassen,
und versuchten es hierin so weit zu bringen, als es nur mög=
lich war. Es gaben sich Dieselben unglaubliche Mühe, scho=
neten auch keiner Kosten, die Quellen überall aufzutreiben,
und sich bey denen, die davon Wissenschaft hatten, schriftlich

a 4

erkun=

6. EIVSDEM epiſtola ad amicum *de ratione concionandi,*
(vom erbaulichen Predigen) Hal. 1739 in 12mo.

7. IO. ANAST. FREYLINGHVSII *fundamenta theologiae Chriſtianae,* Hal. 1734 in 8v.

8. EIVSDEM *compendium vniuerſae doſtrinae chriſtianae,*
Hal. 1733 in 8v.

9. EIVSDEM commentatio *paſſionis ac mortis IEſu Chriſti,* Hal. 1734 in 8v.

10. *Grammatica graeca Hallenſis,* Hal. 1740 in 8v.

11. D. IO. DAN. HERRNSCHMIDII *vita D. Mart.
Lutheri,* Hal. 1742 in 8v.

12. EIVSD. *magna praerogatiua eccleſiae euangelicae prae
Romano-catholica,* ibid. eod.

13. IO. LVC. NIECAMPII *hiſtoria miſſionis euangelicae
in India orientali,* Hal. 1747 in 4t.

14. IO. LIBOR. ZIMMERMANNI commentatio *de emi-
nentia cognitionis Ieſu Chriſti,* Hal. 1749.

Vorrede.

erkundigen zu lassen. f)   Dieweil Sie nun die Gnade hatten, alles, was Sie vorgefunden, dem Herrn Inspect. Grischow zu überschicken; so wurde dieser dadurch in den Stand
gesetzt, durch ferneres Nachschlagen immer hinter mehrere
Nachrichten zu kommen. g)

§. 4.   Um eben dieselbe Zeit war ich, auf Ersuchen
E. E.

f) Aus einem schriftlichen Verzeichniß ersehe, daß Ihro Hochgräfl.
Gnaden einige Jahre darin fortgefahren; indem Sie die Lie-
derauctores dieses Freylinghausenschen Gesangbuchs vom 8ten
Augusti 1742 an bis den 13ten Martii 1749 in den im Be-
sitz habenden Büchern selbst aufgesuchet, oder durch glaubhafte
Nachrichten mit Gewißheit zu erfahren sich bemühet haben.

g) Durch Vorschub des sel. Herrn Insp. Grischow und durch
eben diesen Canal besitze ich auch das geschriebene Verzeichniß
der Liederverfasser im Wernigerödischen Gesangbuche, so
aus 852 Liedern und noch einer Nachlese von 38 Liedern bestehet; desgleichen ein Verzeichniß der Liederverfasser in der
neuen Samlung geistlicher Lieder, so zu Wernigeroda 1752
in 12mo gedruckt worden, und eine Anzahl von 818 Liedern
in sich fasset.   Welche Verzeichnisse gleichfalls des Druckes
würdig wären.   Denn obgleich viele darin vorkommen, die
auch in dem Freylinghausenschen Gesangbuche anzutreffen sind;
so sind doch auch manche neuere Verfasser in jenen zu finden,
die im Freylinghausenschen nicht stehen können.

Vorrede.

E. E. Ministerii der Stadt Halle, beschäfftiget, das bißherige Hallische Stadtgesangbuch in einer neuen Gestalt verbessert herauszugeben. h) Dis verursachte, mich, nebst der übrigen Besorgung dabey, gleichfalls um die Erforschung der Liederauctorum aufs möglichste zu bekümmern, und die gefundenen so gleich unter einem ieden Liede hinzuzusetzen. i)

a 5 Da

---

h) Es kam daßelbe alhier zu Halle 1744 in 8v. heraus, und wurde zu den bißherigen 715 Liedern noch eine neue Zugabe von 127 Liedern hinzugethan, daß es also zusammen 842 Lieder enthielt. Die neue Vorrede war den 10ten December 1743 datiret.

"Ils einige Jahre darauf aus diesem Hallischen Stadtgesangbuche ein neueingerichtetes Evangelischlutherisches Gesangbuch von 1080 Liedern alhier zu Halle zusammengetragen worden, dessen erste Ausgabe 1756 in 8v. ich gröstentheils besorget, und, auf gewisse Veranlassung, eilf von mir verfertigte Lieder (nemlich Num. 214. 321. 347. 408. 448. 678. 702. 799. 1014. 1061. 1068) mit einverleibet habe; so ist zwar die Anzeige der Liederauctorum ohne Noth darin weggeblieben. Ich habe aber nachher solchen Mangel einiger maßen zu ersetzen gesucht, indem ich die Anzeige der bekanntgewordenen Liederverfasser in diesem neuesten Gesangbuche in den wöchentlichen Hallischen Anzeigen 1759 Num. XXXI und XXXII S. 505 f. auf Begehren abdrucken lassen.

Vorrede.

Da ich nun in Absicht anderer Arbeiten mit dem Hrn. Insp. Grischow manches zu thun hatte, so communicirten wir einander unsern gemeinschaftlich gesamleten Liedervorrath, und ich besitze noch verschiedene Briefe von ihm, die Liedermaterie betreffend, auch fast alles in Abschrift, was er deswegen mit unverdrossener Mühe ausgearbeitet hatte.

§. 5. Als hierauf manche Gönner und Freunde in Erfahrung kamen, daß mehrermeldeter Herr Inspector, sonderlich durch Beyhülfe Hochgedachten **Herrn Grafens,** (welche aber nie gewillet waren, Ihre geschriebene Aufsätze selbst durch den Druck bekannt zu machen, oder auch nur Dero hohen Namen ausdrücklich hinzuzusetzen zu lassen) in dem Liederstudio so vieles geleistet hatte; so lagen sie ihm beständig an, das **Verzeichniß der Liederdichter in dem Freylinghausenschen Gesangbuche** öffentlich durch den Druck ans Licht zu stellen.

§. 6. Anfangs weigerte er sich, so lange er konte, vornehmlich auch deswegen, weil er noch immer damit umging, es noch vollständiger für sich auszuarbeiten. Auf mehrmals wiederholtes Verlangen ließ er sich doch endlich bewegen, seine Handschrift noch einmal genauer durchzusehen, und darauf

Vorrede.

auf diß Liederwerklein in der Bibeldruckerey des Waisen=
hauses, die unter seiner Aufsicht stund, zwar sauber und nett,
aber nur in sehr wenigen Exemplarien, auf vier Bogen in
groß 8v. nach dem Format des vollständigen Freylinghau=
senschen Gesangbuches, abdrucken zu lassen. Und weil es
nicht zum öffentlichen Verkauf gewidmet war, sondern nur
um einigen Gönnern und Freunden damit dienen zu können;
so wurde von ihm Titel und Vorrede weggelassen, als wel=
che er nur seinem gedruckten Exemplar geschrieben vorgesetzt
hatte. Da aber der selige Mann dieselbe auch mir zur Ab=
schrift überlassen; so habe nicht umhin gekonnt, seinen Vor=
bericht nach dieser Vorrede, den geneigten Lesern, zur Voll=
ständigkeit des Werkleins, mitzutheilen. Alhier aber will
nur dessen geschriebenen Titel beyfügen, welcher also lautet:

Verzeichniß der bekannt gewordenen Ver=
fasser derer Lieder, so in den beyden Theilen des
Freylinghausischen Gesangbuchs in länglich 12mo
befindlich, welche im Jahr 1741 vom Herrn Gott=
hilf August Francken, S. Theologiae Doct. und
Prof. Publ. Ordinario zu Halle, in einem mäßigen
Octavbande zusammen herausgegeben sind;

Christli=

Vorrede.

Chriſtlichen Gönnern, Freunden und Liebhabern erbaulicher Lieder, nebſt einem kurzen Vorbericht, mitgetheilet von J. H. G. 1753.

§. 7. Ob nun wol nicht in Abrede ſeyn kan, daß ich meines Theils ein groſſer Liebhaber von der Liederkenntniß und Unterſuchung der eigentlichen Quellen und Verfaſſer älterer und neuerer Lieder bin; ſo habe mir doch nie in Sinn kommen laſſen, etwas davon herauszugeben: zumal da heut zu Tage an verſchiedenen andern Hülfsmitteln dazu kein Mangel iſt. k)

§. 8.

k) Nur einige davon anzuführen, ſo ſind dahin zu rechnen 1) diejenigen, welche von Liederdichtern ausführlich oder kürzer geſchrieben haben, als M. E. N. (Neumeiſter) *de poetis germanicis;* M. Joh. Chriſtoph Olearius in dem Entwurf einer Liederbibliothec; M. GODOFR. LVDOVICI *de hymnis et hymnopoeis Hennebergicis;* Dan. Seiffart in *deliciis melicis* oder Liederergötzlichkeiten; Joh. Caſp. Wetzel in *hymnopoeographia* oder Lebensbeſchreibung der Liederdichter, in vier Theilen, und in *analectis hymnicis* oder Nachleſen zur Liederhiſtorie, (die aber nicht zu Ende gekommen, indem ſie mit dem ſechſten Stück des zweiten Bandes aufhören). Joh. Mart. Schamelius in der Hiſtorie der *hymnopoeorum,* ſo
bey

Vorrede.

§. 8. Da aber so viele, sonderlich neuere, Gesangbücher mit den Liederauctoribus und derselben Verzeichniß ver-
sehen worden; gleichwol dem Freylinghausenschen Gesangbuche es bisher seit so vielen Jahren an solchem Vor-
zuge und Bequemlichkeit gefehlet hat; so haben mir gute
Freunde angetragen, (da ich mich, überhäufter Amtsarbeit

und

bey seinem Liedercommentario im ersten und zweiten Theil zu
finden; L. C. R. (Rühl) in der historischen Nachricht von
den Dichtern der Lieder; M. Gottlob Kluge in der *hymnopoeographia Silesiaca.* 2) Diejenigen, welche Lieder erkläret
haben, als Cyriac. Spangenbergs *cithara Lutheri;* Olearii
Liederschatz; George Götzens Liederbetrachtungen; D. Joh.
Ben. Carpzovs Lehr- und Liederpredigten; George Walchs
Liederbetrachtungen; M. Joh. Avenarii Liederpredigten und
Liedercatechismus; M. Joh. Gözingers Auslegung der Lieder in verschiedenen Bänden; Gabr. Wimmers Liebererklä-
rung in vier Quartbänden. 3) Diejenigen, die von Lieder-
sachen gehandelt haben, als George Serpilii Liedergedanken;
M. Christian Marbachs Singeschule; M. Johann Jacob
Gottschaldts Liederremarquen; M. Joh. Bernh. Lieblers
verschiedene Liederschriften; M. Christian Ernst Kleins *hy-
mnologia illustris nobilisque Germaniae;* M. Christian Schu-
manns Liederprobe. 4) Einige Gesangbücher, denen eine
kurze Beschreibung der Liederverfasser beygefüget werden, als
Olearii Arnstädtisches Gesangbuch; D. Rambachs Kirchen-

und

und Zeitmangels wegen, in keine Weitläuftigkeit einlaſſen kann,) wenigſtens mehrgedachtes Griſchowiſches Lieder-verzeichniß, das gar nicht, auch nicht einmal für Geld, zu haben iſt, aufs neue vorzunehmen, und in einer etwas verbeſ-ſerten Geſtalt darzuſtellen.

§. 9. Nachdem ich mich alſo, auf ſolchen Antrag, dazu endlich entſchloſſen; ſo bin ich Stück für Stück durchgegan-gen, und habe theils weggelaſſen, was keinen Grund hat, theils hinzugeſetzt, was ich für nöthig und nützlich befun-den, auch die Numern der Lieder nach der zweyten und neueſten Ausgabe des Geſangbuches von 1771 eingerich-tet. 1) Hieraus iſt alſo dis neue Werklein erwachſen, wel-ches

und Hausgeſangbuch; Joh. Wilh. Hartmanns Geſangbuch; M. Mich. Lilienthals Königsbergiſches Geſangbuch; das Eißlebiſche, Gothaiſche, Altenburgiſche, Onolzbachiſche, Greiziſche Geſangbuch, die Cöthniſchen Lieder, u. a. m.

1) Dieweil in dieſer neuen Auflage, wegen der anſehnlichern Noten, von 331 Liedern die Numern verrücket werden müſſen, und alſo dieſe Lieder von der Numer in der erſten Ausgabe von 1741 abgehen; ſo hat man für nöthig befunden, zum Beſten derer, ſo die vorige Edition beſitzen, hinten eine Verglei-chungstabelle der Numern nach der erſten und zweiten Aus-gabe beyzufügen.

ches zwar, seiner Unvollständigkeit halber, noch mancher Mu=
stetung bedürfen möchte; ich habe mich aber doch auch der
Kürze befleißigen müssen, und verhoffe, daß es den Lieder=
liebhabern und Kennern einiger massen nicht ganz unbrauch=
bar oder mißfällig seyn werde. Solte indessen einer und der
andere entweder von den bereits angezeigten oder von den
noch fehlenden Verfassern gegründete Nachricht zu geben im
Stande seyn; der wird geziemend ersuchet, solche gelegentlich
mitzutheilen, als welches man nicht nur mit vielem Dank er=
kennen, sondern auch, bey einer etwa künftigen Auflage, an
gehörigem Orte mit anzumerken nicht ermangeln wird.

§. 10. Im übrigen halte nicht nöthig, mich bey der
Erörterung der Frage: **Ob es rathsam sey, die Lieder=
verfasser anzugeben oder zu kennen?** und mit Beant=
wortung der Einwürfe dagegen weitläuftig aufzuhalten, da
solches bereits von andern geschehen, und ich daher meine
Leser nur auf die von **Oleario, Seyffart, Schamelio,
Wetzel** und **Gottschaldt** angeführten Entscheidungsgründe
verweisen darf. m)

§. 11.

m) Man sehe Olearii Liederbiblioth. S. 13 f. Seyffarts *delic. melic.* S. 211 f. Schamelii Historie der hymnopoeorum bey
seinem

Vorrede.

§. 11. Da unter denenjenigen, welche theils ältere, theils neuere Lieder in diesem und in andern Gesangbüchern verfertiget haben, so manche seyn, welche anieȝo vor dem Stuhl des erwürgten Lämmleins stehen, und ein Lied im höhern Chor anstimmen; so wünsche ich zum Beschluß, daß auch alle diejenigen, welche die darin befindlichen Lieder hier mit Herzensandacht singen, dort in jenem Zion unter der Zahl derer erfunden werden, welche ein neu Lied singen, und spre= chen: Du bist würdig zu nehmen das Buch, und auf= zuthun seine Siegel; denn du bist erwürget, und hast uns erkauft mit deinem Blut, aus allerley Geschlech= te und Zungen, und Volk, und Heyden, und hast uns unserm GOtt zu Königen und Priestern ge= macht, und wir werden Könige seyn auf Erden. n) Halleluja! Halle, den 13ten August, 1771.

seinem Liedercommentar. Weȝels *hymnopoeograph.* in der Vorrede zum ersten Theil; Gottschalds Liederremarquen, S. 424 f.

n) Offenb. Joh. 5, 9. 10. c. 14, 2 f. c. 15, 3.

J. G. K.

Des seligen

Herrn Insp. Johann Heinrich Grischow
Vorbericht,
(mit J. G. K. Anmerkungen.)

===========

Man hat bey dieser Untersuchung der Liederdichter die Quellen selbst, das ist, die von diesem und jenem Verfasser entweder im Druck herausgekommene, (z. E. die Gerhardische, Neußische, Ristische, und andere) a) oder sonst schriftlich gesamlete Lieder, (als die Edelingische, Güntherische, Jobische ꝛc.) b) so viel man derselben hat habhaft werden können, gebraucht: wodurch man denn zu einer

zuver=

---

a) Es gehören dahin viel mehrere, welche ich hier namentlich anzeigen will: Heinr. Albert, Joh. Angelus, Anna Sophia, Aebtißin zu Queblinburg, Gottfr. Arnold, Jac. Baumgarten, Ulr. Bogisl. von Bonin, Christoph Brunchorst, Andr. Heinr. Bucholz, Friedr. Rud. Ludw. von Caniz, Amad. Creußberg, Wolfg. Christoph Deßler, Paul Flemming, Erasm. Francisci, Joh. Franck, D. Ahasv. Fritsch, Henriette Cathar. von Gersdorf, Andr. Gryphius, D. Joh. Reinh. Hedinger, Johann Heermann, Nic. Hermann, Christ. von Hoffmannswaldau, D. Joh. Lassenius, Laur. Laurenti, Ludämilia Elisabeth, Gräfin von Schwarzburg, Joach. Neander, Erdm. Neumeister, D. Joh. Olearius, M. Joh. Gottfr. Olearius, M. Benj. Prätorius, D. Joh. Jac. Rambach, D. Christian Friedrich Richter, Joh. Ritter, D. Gottfr. Wilhelm Sacer, Benjamin Schmolcke, Fräulein Jul. Pat. von Schulr, M. Christian Weise, Joh. Andr. Wiegleb, Mich. Müller. Alle diese habe auch ich beyhanden gehabt.

b) Imgleichen gehöret dahin Joh. Christian Nehring, D. Jac. Gabriel Wolf ꝛc.

b

zuverläßigen Gewißheit von den Verfassern derselben gekommen ist. Wo man aber solches Hülfsmittel nicht gehabt hat, da sind andere bekannte und beliebte Gesangbücher und Schriften, in welchen von dem Auctore dieses und jenes Liedes Nachricht gegeben wird, zu Rathe gezogen worden.

Insonderheit hat eine gewisse Hochgräfliche Standesperson die von Derselben mit vielem Fleiß und mit nicht wenigen Kosten gesamlete Nachrichten gleiches Inhalts, aus eigener Hochgeneigten Bewegung, dem Herausgeber zugeschickt, mit beygefügter Anzeige, woher und auf was Weise Sie dieselben erhalten habe. Hieraus hat man sehr vieles, ja das meiste, in gegenwärtige Samlung eingetragen, und es gehöriges Orts mit Gr. v. . . . bemerket. c) Und man danket Jhro Hochgräflichen Gnaden für sothanen ansehnlichen Beytrag hiermit unterthänigst.

Ob nun wol solchergestalt die Verfasser der Lieder in diesem vollständigen Gesangbuche in nicht geringer Anzahl haben namhaft gemacht werden können: so sind doch über drittehalb hundert Gesänge übrig geblieben, von welchen uns annoch unbekannt ist, wer sie verfertiget habe. d) Da manche Auctores an unterschiedenen Orten gelebet und in unterschiedenen Bedienungen gestanden, so hat man, um sich möglichst kurz zu fassen, mehrentheils nur des letzten Orts und Amts, worin iemand gestorben, Meldung gethan, e) und das

Jahr

---

c) Diese Bemerkung ist auch in der gegenwärtigen Liedernachricht, zum verehrungswürdigen und erneueten dankbaren Andenken, billig beybehalten worden, ob man wol itzt vieles davon in den dahin gehörigen Schriften selbst aufzuschlagen und nachzusehen im Stande gewesen ist.

d) Da man bey Herausgebung dieser Nachricht von Liederverfassern hin und wieder noch einige entdecket und hinzugesetzet hat; so möchte wol von dieser angegebenen Summe etwas abgehen.

e) Da inzwischen es zur nähern Kenntniß der Verfasser noch manches beytragen kann, so habe mich bey dieser neuen Auflage etwas

Vorbericht.

Jahr des Ablebens, wo es bekannt gewesen, mit vorgesetztem diesem Zeichen † bemerket. f) Wer mehrere Nachricht von ihrem Leben verlanget, der kann dieselbe in **Johann Caspar Wetzels** historischer Lebensbeschreibung der berühmtesten Liederdichter, wie auch in **Christian Gottlieb Jöchers** gelehrtem Lexico, und anderswo mehr, finden.

Von dem andern Zeichen ‡ ist unter Num. 2 **Albert** auf folgendem Verzeichniß erinnert worden, was damit angezeiget werde. g) Ein mehreres achtet man nicht für nöthig hinzuzuthun.

Der HErr lasse dieses geringe Werklein dem christlichen Leser zum unschuldigen Vergnügen, ja zu herzlicher Erweckung dienen, den Verfassern (nicht eben im Liederdichten, als wozu nicht ein ieder die Gabe empfangen hat, sondern) in ihrem Glauben und brünstiger Andacht, so aus ihren Gesängen selbst hervorleuchtet, nachzufolgen. Amen! Es geschehe also!

▷ ✠ ◁

Am Ende dieses Vorberichts hat der selige Mann noch Folgendes angehänget:

Von den 292 Liedern, deren Verfasser man noch nicht weiß, stehen manche in dem **Crügerischen**, (Berlin, 1693 in 12mo) **Lüneburgischen** (vom Jahr 1694 in 12mo) und **Ratzeburgischen** (Ratzeburg, 1689 in 12mo) Gesangbüchern, aus welchen sie vermuthlich den **Freylinghausenschen** zwey Theilen in länglich 12mo einverleibet, und also auch in dem vollständigen in Median 8v. mit Noten befindlich sind. h)

b 2   i) In

etwas weitläuftiger ausgebreitet, und bey den mehresten auch die vorigen Stellen und Aemter mit erwehnet.

f) So viel möglich gewesen, habe ich auch den Tag des Absterbens, imgleichen das Alter mit hinzugesetzet, weil auch dis vielleicht zum Aufschluß einer mehrern historischen Nachricht dienen kann.

g) Auch dis Zeichen ist hier beybehalten worden, ohnerachtet man alles selbst aufs neue in Augenschein genommen hat.

h) Auch sind manche in Eberh. Phil. Zühlens Gesangbuche, Darmstadt, 1698 in länglich 12mo zu finden.

Joh. Heinr. Grischow Vorbericht.

1) In allen dreyen Gesangbüchern stehen folgende Lieder: Num. 90. 154. 356. 376. 622. 654. 722. 959. 1197. 1199. 1220. 1301. 1510. 1559. (welches letztere in der neuen Edition von A. 1771 Num. 1557 ist.)

2) In dem Crügerischen und Lüneburgischen: Num. 142. 255. 605.

3) In dem Lüneburgischen und Rigischen: Num. 30. 95. 206. (205). 363. 402. (403). 446. 510. 574. (573). 727. 999. 1393. 1395. 1441. 1443. 1578. (1577).

4) In dem Lüneburgischen allein: Num. 83. (82). 352. 470. (471). 492. (491). 498. 499. 535. 561. 659. 661. (660). 698. 723. 726. 787. (788). 956. 1040. 1061. 1122. 1143. (1144). 1152. (1153). 1164. 1210. 1317. 1445. 1549. 1552. 1557. (1558).

1. Aemi-

A.

1. **Aemilia Juliana,** geborne Gräfin von Barby, vermählte Gräfin
zu Schwarzburg-Rudolstadt † 1706 den 3 Dec. alt 69 Jahr.
  Die von ihr verfertigten Lieder stehen Num. 414 1212.
1419. (Siehe der Freundin des Lammes geistlichen Braut-
schmuck, Rudolst. 1714 und 1742 in 8v.)
Num. 1419, hat ihr zwar streitig gemacht werden wollen, wie unter andern
aus Joh. Casp. Wetzels Liederdichtern, 1 Th. S. 1-26 und 3 Th. S.
156 u. f. zu ersehen; die glaubwürdige Entscheidung davon aber findet
man in desselben *analect. hymnic.* in des 2ten Bandes 1 Stück, S. 115-117.

2. **Albert,** (Heinrich) ein Musicus und Organist zu Königsberg in
Preussen, der ums Jahr 1650 gelebet.
  Num. 1364. 1472. (Siehe desselben Arien, 1 Th. Leipzig,
1657. ‡) *)

3. **Albertus** der jüngere, Marggraf zu Brandenburg-Bayreuth, † 1557
den 8 Jan. im Exilio. S. Heinr. Ansh. von Zieglers Labyrinth
der Zeit, S. 370.
  Num. 1632. (s. das Bayreuthische Gesangbuch, 1668. in 8v.
Gr. v. . . . desgleichen Wetzel, 1 Th. S. 39. Joh. Christoph Olearii
Liederbibliothec, S. 32. und Joh. Mart. Schamelii Historie der
Lieberdichter bey seinem Liebercommentar, 1737. in 8v. S. 69.)

4. **Alberus,** (D. Erasmus) zuletzt Mecklenburgischer Generalsuperintendent, ein Schüler und Freund Lutheri, † 1553 den 5 May zu
Neubrandenburg.
  Num. 29. 39. 209. (s. Gottfr. Arnolds Kirchen- und Ketzerhistorie,
2 Th. XVI B. c. XI. n. 34 S. 734 der Ausgabe zu Schafhausen 740
Fol. ‡) Num. 1288. (s. das Kirchengesangbuch der Brüder in Böhmen, 1606 in 4t. Gr. v. . . .)

           5. **Albi-**

---

*) Mit diesem Zeichen ‡ hat der Hr.
Insp. Grischow in dem gedruckten Liederverzeichniß angezeiget,
daß er Alberts Arien selbst gese-
hen, und die zwey Lieder darin
gefunden habe. Und so auch in
folgenden allezeit, zum Exempel
Num. 4. 7. 10. u. s. w.

A

5. **Albinus,** (Joh. George) erst Rector an der Domschule, hernach Prediger zu St. Othmar in der Vorstadt zu Naumburg, auch Mitglied der fruchtbringenden Gesellschaft 1654 unter dem Namen der Blühende, † 1679 den 25 May, alt 55 Jahr.
Num. 641. 1422. (s. M. Joh. Bernh. Lieblers Leben Albini, Naumburg, 1728 in 8v.) Num. 1442. (s. seinen geharnischten Kriegesheld, Leipz. 1675 in 12mo. Gr. v. . . .)

6. **Altenburg,** (M. Michael) zuletzt Diaconus zu St. Andreä in Erfurt, † 1618 oder nach andern 1640 den 12 Februar.
Num. 268. (s. Schamelii Liedercommentar. S. 71 f.) Num. 1372. (s. seine Kirch- und Hausgesänge, Erfurt, 1635 in 8v. und Olearii Liederbiblioth. S. 33.) Num. 1532. (s. seine liebliche Kirchen- und Hausgesänge, Erfurt, 1600 in 4t. Gr. v. . . .)

7. **Angelus,** (Johann) sonst Johann Scheffler genannt, ein Schlesier, der hernach ein Papist geworden, † 1677 den 9 Jul. S. GEORG. SCULTETI *Hymnopoeos Siles.* S. 8.
Num. 41. 47. 93. 125. 127. 128. 149. 132. 136. 137. 156. 178. 180. 184. 272. 275. 310. 329. 357. 361. 410. 429. 430. 450. 527. 537. 572. 748. 808. 830. 844 (das sich bey ihm anfängt: Du wonnigliches Gut rc.) 845. 847. 851. 855. 859. 881. 884. 891. 895. 900. 911. 917 (vom 1 bis 4 Vers) 1081. 1083. 1085. 1114. 1260. 1261. 1483. 1496. (s. seine geistlichen Hirtenlieder, Berlin, 1702 in 12mo. †) *)

8. **Anna Sophia,** geborne Landgräfin zu Hessen-Darmstadt, Aebtißin zu Quedlinburg, † 1683 den 13 Dec. alt 45 Jahr.
Num. 520. 1147. (s. ihr Buch): der treue Seelenfreund, Christus JEsus, Jena, 1658, wieder aufgelegt Frankfurt und Leipzig 1675 in 8v. †)
Man sehe auch D. Friedr. Ernst Kettners Kirchenhistorie des Stifts Quedlinburg, S. 163 f. M. E. NEVMEISTERI diss. *de poetis germanicis,* S. 8. Wetzels Liederhistor. 4 Theil, S. 10. Allgem. Histor. Lexic. 1 Th. S. 206. u. a. m.

9. **Anton**

---

*) Dem Iohanni Angelo werden viele Lieder unrecht zugeschrieben, weil in einigen Gesangbüchern über oder unter manchen Liedern die Buchstaben I. A. stehen, welche so viel als Incertus Auctor oder Ignotus Auctor bedeuten. Eben so werden auch die beyden Buchstaben L. B. insgemein für Lucas Bacmeister erklärt; allein sie haben oft eine andere Bedeutung. In etlichen Büchern stehen sie auch umgekehrt B. L. welches vermuthlich heißen soll: Bekanntes Lied, und also jenes etwa Lied Bekannt.

9. **Anton Ulrich,** Herzog zu Braunschweig und Lüneburg, in der fruchtbringenden Gesellschaft der Siegprangende, † 1714 den 27 März, alt 81 Jahr.
Num. 568. 864. 1018. 1051. 1485. (s. dessen Christfürstliches Davids-Harfenspiel, Nürnberg, 1667 in 8v. und Wolfenbüttel, 1670 in 8v. Gr. v. . . .)

10. **Arends,** (Wilhelm Erasmus) erst Informator des frommen Kindes, Christlieb Leberecht von Exter, nachher Pastor zu Erotstorf im Fürstenthum Halberstadt, und so dann Pastor zu St. Petri und Pauli in Halberstadt, † 1721.
Num. 306. 677. (nach J. A. Freylinghausens geschriebenem Liederregister und M. Ernst Christian Philippi Merseburgischem Gesangbuch, Num. 281 von A. 1716 und 1729. Gr. v. . . .)

11. **Arnold,** (M. Christoph) Diaconus bey S. Marien und Professor im Auditorio Aegidiano zu Nürnberg, † 1685 den 30 Jun.
Num. 217. 452. (s. Joh. Sauberti Gesangbuch, Nürnberg, 1677 in 8v. Gr. v. . . .)

12. **Arnold,** (Gottfried) zuletzt Inspector und Pastor zu Perleberg, † 1714 den 30 May, alt 48 Jahr.
a) Aus seinem ehelichen und unverehlichten Leben der ersten Christen, Frankfurt, 1702 in 8v. Num. 794. 840. 1200. 1249. 1257.
b) Aus den poetischen Lob- und Liebessprüchen von der ewigen Weisheit im Anhange des Geheimnisses der göttlichen Sophia, Leipzig, 1700 in 8v. Num. 214. 226. 882. 887. 1247.
c) Aus den göttlichen Liebesfunken, Leipzig, 1714 in 8v. Num. 439. 472. 706. 751. 803. 809. 823. 930. 946. 1119. 1191. 1251. 1327. 1331. 1444. †

13. **Arnschwanger,** (M. Johann Christoph) Senior Ministerii zu Nürnberg und Mitglied der fruchtbringenden Gesellschaft 1675 unter dem Namen der Unschuldige, † 1696 den 10 Dec. alt 71 Jahr.
Num. 222. 241. 494. conf. M. Joh. Jac. Gottschalds Liederremarquen, 3te Piece, S. 389. (s. seine Lieder und Gesänge, Nürnberg, 1659 in 8v. Gr. v. . . .) Num 598. (s. eine heilige Palm und christliche Psalm, Nürnberg, 1680 in 8v. Gr. v. . . .)

14. **von Asseburg,** (Rosemunda Juliana) eine Fräulein, so zu Ende des 17ten Jahrhunderts gelebet.
Num. 719. (nach Freylinghausens und Weißbecks, Generalsuperintendentens in Halberstadt, Zeugniß. Gr. v. . . .)

15. von **Aſſig**, (Hanns) ein Schleſiſcher Edelmann, Cammeramtsdirector in Schwibus, † 1694 den 5 Auguſt, alt 44 Jahr.
Num. 1387. (ſ. *Miſcellanea Lipſienſia*, Tom. XI. S. 58. Gr. v. . . .) S. J. P. Oettels Nachrichten von dieſem Oſterliede, Schneeberg, 1728 in 4t.

16. **Aſtmann**, (Johann Paul) Prediger an der St. Nicolaikirche in Berlin, † 1699.
Num. 1345. (ſ. die ihm gehaltene Leichenpredigt in 4t. ‡)

B.

17. **Backmeiſter**, (Lucas) ein Theologus zu Roſtock, ob es aber der Vater † 1608 oder der Sohn † 1638 den 12 Oct. ſey, iſt ungewiß. (ſ. Wetzels Liederdicht. 4 Th. S. 19 ſ.)
Num. 126. 282. (ſ. GEORG. SCHEDII *Parentat.* Roſtock, 1638 in 4t. Gr. v. . . .)

18. **Balduin**, (M. Gottlieb) Paſtor in Regenſpurg, † 1684 alt 43 Jahr.
Num. 269. (ſ. das Regenſpurg. Liedermanual, 1738. Gr. v. . . . Wetzels *analect. hymnic.* 3tes Stück, S. 3.)

19. **Baumgarten**, (Jacob) Prediger auf dem Friedrichswerder und Dorotheenſtadt in Berlin, † 1722 den 29 Jun. alt 54 Jahr.
Num. 790. 806. 1410 die Parodie; 1428 (nach dem Zeugniß ſeines Herrn Sohns, Siegmund Jac. Baumgartens, Theol. D. und Prof. in Halle.‡ Man ſehe auch ſeine Funeralien, Berlin, 1722 in Fol. S 50 ſ.)
Num. 806 und 1428 ſind eigentlich der Anfang und das Ende von Einem Liede, welches der ſel. Mann nach dem Abſterben Fr. Barbara Cordula Kalkbernerin, geb. von Lautter, 1711 in acht Strophen verfertiget hat, davon jenes die 3 erſten, dieſes aber die 3 letzten Strophen oder Verſe ausmachen.

20. **Beck**, (Johann Joſeph) der Rechten Befliſſener in Straßburg, um die Mitte des 17ten Jahrhunderts.
Num. 812. (ſ. ſein geiſtliches Echo, Straßb. 1660. in 8v. Gr. v. . . . Wetzels Liederdicht. 1 Th. S. 97 und *analect. hymn.* 3 Stück S. 4.)

21. **Beckhof**, (. . . .) Iur. Licentiatus, der noch A. 1745 im 80ſten Jahre zu Stade gelebet hat.
Num. 885. (ſ. Wetzels Liederdicht. 4 Th. S. 30.)

[*21. **Benno**, Biſchof zu Meiſſen, † 1107 den 16 Jun. alt 96 Jahr.
Dieſem wird in dem Griſchowiſchen Liederverzeichniß Num. 50 zugeſchrieben, mit dem Beyſatz: (ſ. Joh. Chriſtoph Olearii Lieder

derschatz, 1 Th. S. 59 f.) Allein er ist keinesweges der Verfasser davon, sondern er soll nur das lateinische Lied: Dies est laetitiae in ortu regali, gemacht haben, dessen Uebersetzung eigentlich Num. 45 ist. Olearius aber schreibt am itztgedachten Orte S. 67: „Dis Lied „ (nemlich der Vers: Ein Kindelein so löbelich 2c.) hat allerhand „ Zusatz bekommen. D. Simon Pauli in explic. cantil. p. 41 b. hat „ drey Verse hinzugethan.„ Und eben dis ist das obige Lied Num. 50.]

22. **Bernstein,** (Christian Andreas) Pastor abjunctus seines Vaters zu Domnitz bey Halle, † 1699 den 18 Octobr. S. Hrn. Geh. Raths von Dreyhaupt Saalcreis, 2 Th. S. 897.
Num. 135. 853. 874. Num. 929. 1076. (s. HIER. FREYERI *Programmata,* S. 693.) Num. 1299. (nach des Herrn Consistorialraths, D. Gotth. Aug. Franckens, Zeugniß. Gr. v. . . .)

23. **Betulius,** (Sigismund) oder von Bircken, Kaiserlicher Pfalzgraf und gecrönter Poet in Nürnberg, Mitglied der fruchtbringenden Gesellschaft 1658 unter dem Namen der Erwachsene, † 1681 den 12 Jul. alt 55 Jahr.
Num. 124. 203. (s. seinen geistl. Weihrauch, Nürnberg, 1652 in 12mo. Gr. v. . . . .) Num. 196. (s. seine Paßionsandachten in der Dilherrischen Charwoche, Nürnberg, 1653 in 12mo. Gr. v. . . .) Num. 1355. (s. seine andächtige Gotteslieder, Nördlingen, 1658 in 12mo, und historische Nachricht von dem Blumenorden an der Pegnitz, Nürnberg, 1744 in 8v. Gr. v. . . . .)

24. **Beyschlag,** (M. Johann Balthasar) Decanus und Prediger zu Halle in Schwaben, † 1717 den 14 Sept. alt 48 Jahr.
Num. 769. (s. seine Gottgeheiligte Kirchen = und Hausandacht, Nürnberg, 1699. in 8v. Gr. v. . . . .)

25. **Böhme** oder *Bohemus,* (Martin) Pastor primarius zu Lauban, † 1622 den 5 Febr. alt 65 Jahr. S. M. Gottfr. Hoffmanns Lebensgeschichte der Pastor. primarior. in Lauban, S. 133.
Num. 1375. 1467. (s. Joach. Meyers dissert. *de Boiorum migrationibus et de claris Boehmeris,* Gotting. 1710. in 4t. Gr. v. . . .) Man sehe dessen drey *Centurias* precationum *rhythmicarum,* Lauban, 1682 in 12mo, alwo in der andern Centuria. S. 3 Num. 1467 stehet, so sich aber anhebt: O heilige Dreyfaltigkeit 2c. und aus acht Versen bestehet, und eben daselbst unter den Sterbegebeten das dritte Num. 1375 enthält, das sich aber anfängt: O JEsu Christ, meins Lebens Licht 2c. und nur 14 Verse hat, indem der 7te Vers fehlet.

26. **Böhmer,** (D. Just Hennig) ICtus, Geheimer Rath, des Herzogthums Magdeburg Regierungscantzler, und Director der Universität

sität

sität in Halle, † 1749 den 23 August, alt 76 Jahr. S. Joh. Pet. Nicerons Nachricht von Gelehrten, 22 Th. S. 299. Num. 175. 278. 341. (nach seinem schriftlichen Geständniß an den sel. Herrn Insp. Grischow im Monat Julio 1745.) Man sehe auch D. Adam Struensee Trauerreden und Gedächtnißpredigten, S. 44. 60 f. und im Anhange, alwo noch 18 Lieder des sel Hrn. Canzlers zu finden, obige drey aber, weil sie schon in diesem Freylinghaus Gesangbuche stunden, ausgelassen sind.

27. Böhmerin, (Maria Magdalena) eine Jungfer in Hannover, des sel. Herrn Canzlers Schwester, † 1743 oder 1744.
Num. 413. 837. (nach dem Zeugniß ihres Herrn Bruders zu gleicher Zeit.)

28. Böschenstein, (Johann) von Eßlingen, ein Freund Reuchlini, der A. 1518 eine Zeitlang die Hebräische Sprache zu Wittenberg gelehret, und endlich als ein Privatus gestorben, etliche 60 Jahr alt.
Num. 179. (s. die unschuldigen Nachrichten vom Jahr 1719 S. 386. Er v. . . .) Man sehe auch George Serpilii Untersuchung von dem eigentlichen Auctore dieses Liedes, Regenspurg, 1710 in 8v. M Joh. Christoph Olearii Nachrichten von diesem Liede, Arnstadt, 1721 und 22.

29. von Bonin, (Ulrich Bogislaus) aus Pommern, Hochgräfliche Reußischer Rath und Hofmeister zu Ebersdorf im Voigtlande, † 1752 den 9 Januar. alt 70 Jahr.
Num. 444. 752. 800. 1104. 1254. (s. seine unter dem Namen Theophili Pomerani herausgegebene Poesien, Graiß, 1727 in 8v. Er v. . . .) Man sehe auch dessen erbauliche Schriften nebst dem Lebenslaufe, dritte Auflage, Leipzig, 1760.

30. Bonnus, (M. Hermann) erster Superintendent zu Lübeck, † 1548 den 12 Februar. alt 44 Jahr. S. Casp. Heinr. Starkens Lebensbeschreibung der Lübeckischen Superintendenten, 1 Th. 1710 in 8v.
Num. 216. (Stehet in Bonni Gesangbuch 1547 S. 140 in plattteutscher Sprache, mit dem Anfange: Ach wy armen Sünders 2c. s. D. Sim Pauli der Teutschen geistliche Lieder, Magdeburg, 1588 in 4t. Er v. . . .) Man sehe auch Wetzels Liederdicht. 1 Th S. 124 f. imgleichen L. V. C. BOSSII Psalmodiam, Witeberg. 1561 in 4t. fol. 79.

31. Bornmeister, (M. Simon) Rector zu Nürnberg, † 1688 den 7 Dec. alt 51 Jahr.

Num.

Num. 46⦁. (ſ. ſeinen geiſtlichen Lieder⸗Blumenſtraus, Nürn⸗
berg, 1685 in 8v. Gr. v. . . .)

32. Bornſchürer, (M. Johann) Diaconus in der Stabt Thann,
† 1677 den 5 Dec. alt 52 Jahr.
Num. 517. (ſ. ſein Thanniſches Geſangbuch, Meſnungen, 1676
in 8v. Gr. v. . . .)

33. Brehme, (Chriſtian) zuletzt Burgermeiſter in Dreſden, † 1667
den 10 Sept.
Num. 167. (ſ. Corimbo neue Hirtenluſt und geiſtliche Geſprä⸗
che, Dreſden, 1659 und 1660 in 8v. Gr. v. . . .)

34. Breithaupt, (George Friedrich) weiland Secretarius in
Laubach.
Num. 1403. (nach dem Zeugniß der Gräfl. Solms⸗Laubachiſchen
Regierung. Gr. v. , . . .)

35. Breithaupt, (D. Joachim Juſtus) Abt im Cloſter Bergen, Ge⸗
neralſuperintendent und Senior der theologiſchen Facultät zu Halle,
† 1732 den 16 März, alt 75 Jahr. S. Chriſtian Polycarp. Lepo⸗
rins Memor. Caplatonian. 1725 in 8v.
Num. 212. (ſ. ſeine Creutzpredigten, S. 103 f.) Num. 425. 675.
988. (ſ. ſeinen Meiningiſchen Abſchied und Erfurtiſchen An⸗
ſpruch, Erfurt, 1687 in 12mo, S. 162 f.) N. 1026. (ſ. die ihm gehal⸗
tene Gedächtnißpredigt D. Gotth. Aug. Franckens, Halle, 1736 in
Fol. woſelbſt aber Num. 675, etwa aus Verſehen, nicht mit gedacht
worden. ┼)

36. Brunchorſt, (Chriſtoph) Hofprediger in Gotha, † 1664 den
26 Mart. alt 60 Jahr.
Num. 666. 746. 962. 970. 1062. (ſ. ſeine chriſtliche Vorſtel⸗
lung der hohen geiſtlichen Anfechtungen, Gotha, 1663 in 8v. ┼)

37. Bucholtz, (Andreas Heinrich) Oberhofprediger und Superinten⸗
dent zu Braunſchweig, † 1671 den 20 May, alt 64 Jahr.
Num. 7. 214. 674. (ſ. ſeine chriſtliche Hausandachten, Braun⸗
ſchweig, 1663 in länglich 12mo. ┼)

38. Büttner, (George Conrad) Schwarzburg⸗Arnſtädtiſcher Rath,
† 1693 den 20 April, alt 44 Jahr.
Num. 1336. (nach dem Zeugniß M. Gottlob Kluge, Paſt. in
Neumark. Gr. v. . . .) Man ſehe auch Wentzels Lieberdicht. 1 Th.
S. 135 und analect. hymnic. 3 Stück, S. 31 f. imgleichen M. Klu⸗
gens Geſangbuch von 609 Begräbnißliedern, S. 455 f.

A 4 Eine

Eine Parodie auf dis Lied, so sich anhebt: Gelobres, Gelobres, sey gegrüsst ꝛc. hat Immanuel Tögel, Diaconus zu Cönnern, † 1739 verfertiget. S. Christoph Kuners Schwanengesang, durch Heinr. Milde, Halle 1733 in 12. S. 42 f.

39. **Burmeister,** (S . . .) Num. 1366. (s. sein wohlklingendes Lob GOttes, Frankfurt, 1710 in 4t.) Ju M. Klugens Begräbnißliedern, S. 843 und in andern Gesangbüchern stehen über diesem Liede nur die Anfangsbuchstaben: F. J. B.

C.

40. **Calisius** (Lic. Johann Heinrich) Pastor und des Ministerii Senior zu Sulzbach, Mitglied der fruchtbringenden Gesellschaft unter dem Namen der Besinnende, † . . . Num. 539 574. 1579. (s. seine andächtige Hauskirche, Nürnberg, 1676 in 8v.)

41. **von Canitz,** (Friedrich Rudolph Ludwig) Freyherr, Königlich Preußischer geheimer Staatsrath, † 1699 den 11 August, alt 45 Jahr. Num 220. 359. 634. 1183. 1491. 1511. (s. seine Nebenstunden unterschiedener Gedichte, Berlin, 1703 und 1719 in 8v. ꝛ. besgleichen seine sämtliche von Joh. Ulr. König ausgefertigte Gedichte, Leipzig und Berlin, 1727 in groß 8v. und 1770. Wetzels analect. hymn. 2 Stück, S. 26.

42. **Chiomusus,** (D. Johann) sonst Schneesing, Pfarrer zu Friemar bey Gotha, zur Zeit Lutheri. Num. 607. (s. Olearii Liederbiblioth. S. 19 und 38. und Lieberschatz, 3 Th. S. 36. ꝛ imgleichen Gabriel Wimmers Liedererklärung, 3 Th. S. 68.)

43. **Christina,** Prinzeßin von Mecklenburg-Schwerin, Aebtißin zu Gandersheim, † 1693 den 30 Jun. alt 54 Jahr. S. 10. CHRI-STOPH HARENBERG historia ecclesiae Gandershemensis diplomatica, S. 1043 f. Num 575. (s. Michael Lilienthals des Singens vernünftigen Gottesdienst, Königsberg, 1723 und 1729. in 8v. und Friedrich Wagners Pommerischen Singe und Betgltar, Stargard, 1736. Gr. v. . . .)

44. **Chyträus,** (Nathan) ein Bruder des Rostockischen Theologi, David Chyträi, Rector zu Bremen, † 1599 den 27 Febr. alt 55 Jahr.

Num.

Num. 1305. (f. Olearii Lieberbiblioth. S. 38.) Andere schreiben bis Lied D. Josua Stegmann zu. Gr. v. . . .

45. **Clauder,** (Lic. Israel) Superintendent zu Bielefeld, † 1721 den 24 Nov. alt 52 Jahr. S. Erdm. Heinr. Graf Henckels letzte Stunden, 4 Th. S. 73. 93.

Num. 704. (wie der sel. D. Rambach ehemals bezeuget, und der Herr Insp. Grischow es gewiß gewust, als der mit ihm wohl bekannt gewesen.)

46. **Clausnitzer,** (Lic. Tobias) Churpfälzischer Kirchenrath, Pastor primarius und Inspector des gemeinschaftlichen Amts Parkstein und Wenden in der Oberpfalz, † 1684 alt 66 Jahr.

Num. 502. (f NEVMFISTER de poet. german. S. 24. Gr. v. . . . imgleichen M. Joh. Avenarii Epistol. Christenschmuck, S. 391.)

47. **Cnollius,** (Christoph) Diaconus zu Sprottau im Fürstenthum Glogau, † etwa 1621, alt 68 Jahr.

Num. 1378. welches er A. 1599 in der Pestzeit gemacht hat. (f. Olearii Lieberbibl. S. 25. 53. und GEORG. SCVLTETVM de hymnopoeis Silesiorum, S. 14. Gr. v. . . . wie auch Gabr. Wimmers Liedererklärung, 4 Th. S. 552.)

48. **Cramer,** (Mauritius) Pastor in Ditmarsen, † . . .

Num. 1136. (Gr. v. . . .)

49. **Crasselius,** (Bartholomäus) Lutherischer Prediger zu Düsseldorf, (ein Bruder M. Johann Crasselii, gewesenen Stiftspredigers zu Stendal, welcher verschiedene Schriften ediret, und A. 1724 den 8 Sept. im 73sten Jahre zu Halle gestorben ist; D. Gottfr. Ludovici Schulhistorie, 4 Th. S. 258 f.)

Num. 94. 614. 694. 721. 724. 942. 1089. 1290. 1342. (laut einer von seinem Vetter aus Frankfurt am Mayn ertheilten Specifica-tion seiner Lieder. Gr. v. . . .)

50. **Creutzberg,** (Amadeus) oder Philipp Balthasar Sinold, genannt von Schütz, Hochgräfl. Solms-Laubachischer geheimer Rath, † 1742 ben 6 März, alt 85 Jahr. S. D. Ernst Friedr. Neubauers Nachricht von den Theologen rc. 2 Th. S. 1119 f.

Num. 783. 966. 1105. (f. seine geistliche Poesien, Nürnberg, 1720 in 8. † it. Gottlieb Creutzbergs wahre Seelenruhe in den Wunden JEsu, oder 80 Passionsandachten, Leipzig 1742 in 8b.)

51. **Creutzigerin,** (Elisabeth) D. Casp. Creutzigers oder Crucigeri in Wittenberg erstere Ehefrau, zu den Zeiten Lutheri.

A 5 Num.

Num. 60. (f. Olearii Lieberſch. 2 Th. S. 56. † it. GEORG.
STRIGENITII concion. in feſt. Viſitat. Mariae, in 4t. und D. Simon Pauli Auslegung der teutſchen Lieder, Magdeburg, 1588 in 4t.
Gr. v. .... M. Cyriac. Spangenbergs Cithara Lutheri, 1 Th.
fol. 47 b. Wittenberg, 1601. u. a. m.)

[* 51. von Czepko, (Daniel) Kaiſerlicher auch Fürſtlicher Regierungs-
Rath zu Liegnitz, † 1660 den 8 Sept. alt 55 Jahr. S. M. Gottlob Klugens hymnopoeograph. Sileſiac. dec. II. S. 1 f.
Num. 1078. (f. M. Balth. Gottfr. Scharfs obſeruation. de
quorumdam hymnor. Germanicor. auctoribus Sileſiis in Miſcellan.
Lipſ. tom. XI. Gr. v. ....]
Das Lied, welches dieſem Verfaſſer zugeſchrieben wird, iſt ein ganz anderes als N. 1078 und fängt ſich an: Auf! auf! mein Herz, und du mein
ganzer Sinn, wirf alles das, was Welt iſt, von dir hin 2c. wie unter
andern aus Schamelii Liedercommentar. N. 205 zu erſehen. Und eben
dieſes Lied ſtehet auch in Mart. Opitii geiſtlichen Poemat. Amſterdam,
1645 in 12. S. 177 f. vergl. mit D. Caſp. Gottl. Lindners Nachricht von
Opitzens Leben, in der Vorrede zum 2 Theil; Daher bleibt der eigentliche
Auctor von Num. 1078 bis hieher noch unbekannt.

D.

52. **Dach,** (M. Simon) Profeſſor Poeſeos zu Königsberg in Preuſſen, †
1659 den 15 April, alt 54 Jahr. S. Joh. Friedr. Lauſons Ge-
dächtnißrede auf denſelben, Königsberg, 1759 in 4t. und M. Lilienthals Erläutertes Preuſſen, im 1 Stück.
Num. 976. 997. 1050. 1138. 1281. 1410. nicht aber die Parodie, ſo Jac. Baumgarten gemacht hat. (f. Königsb. Kirchengeſangb. in 8v. und vom erſten und fünften Heinr. Alberti geiſtliche
Arien, Königsb. 1652 in Fol. und Leipzig 1657 in 8v. Gr. v. ....)
Ein alphabetiſches Verzeichniß ſeiner Gedichte findet man im neuen
Bücherſaal der ſchönen Wiſſenſchaften, im 9ten Bande, 4 Stück,
S. 349 f. und im 10ten Bande 2 Stück, S. 149 f.

53. **Dachſtein,** (Wolfgang) ſoll Prediger in Magdeburg zur Zeit der
Zerſtörung 1631 geweſen ſeyn; Allein M. Friedr. Gottl. Kettner
ſchreibt in ſeinem Clero Magdeburgico, S. 672: „Er heiſſt in den
„Geſangbüchern ein Paſtor in Magdeburg, aber ohne Beweis.„
Gabr. Wimmers Liedererkl. 4 Th. S. 13.
Num. 1292.

54. **Damius,** (M. Otto Chriſtian) Superintendent in Ellrich, † ...
Num. 195. Iſt nach dem Liede: JEſu, deine tiefe Wunden 2c.
Wunſch- Bitt- und Gebetsweiſe eingerichtet. (f. D. Valent. Ernſt
Löſchers Evangel. Zeher ten, 3 Th. S. 191. Georg Serpilii Prü-
fung

fung des Hohnſteiniſchen Geſangbuchs, S. 344. Wetzels Liederdicht. 1 Th. S. 392.)
Weil es ſchon im Ammersbachiſchen Geſangbuche, Halberſtadt, 1678
ſtehet, iſt es wol noch nicht gewiß, ob es Damius (alſo geändert habe. †
S. Ernſt Ludew. Hagens Nachricht von dem Paßionsgeſange: JEſu,
deine heilge Wunden, Goßlar, 1728 in 4t.

55. Decius, (Nicol.) Prediger in Stettin ums Jahr 1524.
Num. 213. 347. (ſ. Phil. Jul. Rehtmeyers Braunſchweigi-
ſche Kirchenhiſtorie, 1707 in 4t. 3 Th. S. 19. Gr. v. . . . und
Johann Vogts Unterſuchung von dem eigentlichen Auctore des alten
Kirchenliedes: Allein GOtt in der Höh ꝛc. Stade, 1723 in 4t.)

56. Denicke, (David) ICtus, Hof- Conſiſtorial- und Cloſterrath zu
Hannover, † 1680 den 1 April, alt 78 Jahr.
Num. 386. 393. 462. 464. 644. 669. 688. 935. 1179. 1218.
1230 (ſ. das Rinteliſche Geſangbuch, 1737, in 8v. Gr. v. . . .
imgleichen Wetzels analect. hymnic. 2 Stück, S. 34.)
Von Num. 1230 iſt v. 7. aus Joh. Heermanns Haus- und Herzensmuſic
genommen.

57. Derſchau oder Derſchow, (D. Bernhard) Pfarrer der Alt-
ſtadt und des Conſiſtorii Beyſitzer zu Königsberg in Preuſſen, † 1639
den 13 May, alt 48 Jahr. S. D. Dan. Heinr. Arnoldts Hiſtor.
der Königsb. Univerſ. 2 Theil, S. 495.
Num. 65. (ſ. das Königsbergiſche Kirchengeſangb. in 8v.
Gr. v. . . .)

58. Deßler, (Wolfg. Chriſtoph) Conrector der Schule zum Heil.
Geiſt in Nürnberg, † 1722 den 11 März, alt 62 Jahr. S. Anony-
mi letzte Stunden ſterbender Gerechten, Hildburghauſen, 1768 in 8v.
S. 638 ſ.
Num. 646. 667. 737. 827. 842. 967. 1033. 1080. 1106. 1437.
(ſ. das Braußiſch-Nürnberg. Geſangbuch, 1708 in 8v. it. ſeine
(Deßlers) himmliſche Seelenluſt, Nürnberg, 1726 in groß 8v. und
1740. Gr. v. . . .)

59. Dilherr, (Johann Michael) Prediger an der St. Sebaldskirche
und Bibliothecarius zu Nürnberg, † 1669 den 8 April, alt 65 Jahr.
Num. 468. (ſ. der irdiſchen Menſchen himmliſche Engelfreude,
Nürnberg, 1653 in 8v. Gr. v. . . .) N. 483. (ſ. Joh. Avena-
rii Gerauiſches Geſangbuch, Gera, 1734 in 8v. Gr. v. . . .)
Andere ſchreiben N. 483 M. Johann Chriſtoph Arnſchwangern zu.

60. Dreſen, (Adam) Capelldirector zu Arnſtadt, † . . .
Num. 151. 435. 1063. (ſ. das Meinungiſche Geſangb. 1711
in

in 8v. Gr. v. ...) **Wezels Liederdicht.** 1 Th. S. 193. und *analecta hymnic.* 4tes Stück, S. 28.

E.

61. **Ebert,** (D. Jacob) Professor Theologiä zu Frankfurt, an der Oder, † 1614 den 5 Febr. alt 65 Jahr.
Num. 1547. (s. das wohlklingende **Lob GOttes,** Frankfurt, 1710 in 8v. Gr. v. ....)

62. **Eberus,** (D. Paulus) Generalsuperintendent und Prof. Theologiä zu Wittenberg, † 1569 den 10 Dec. alt 58 Jahr.
Num. 104. 1388. 1571.. (s. LENZII disp. *de serie professorum Francorum Wittebergae,* Witteberg. 1702. §. 10. Gr. v. ...)
Num. 399. (s. Gottfried Arnolds Kirchen- und Ketzerhist. l. XVI. c. XI. n. 34.) Num. 1376. (s. MART. GEIERI *conciones,* in 4t. Gr. v ...)
In des Herrn Insp. Grischows Liederverzeichniß, S. 6 wird ihm auch Num. 635 zugeschrieben; allein daffelbe ist viel neuer.

63. **Edeling,** (Christian Ludewig) aus Lebeguin, vormals Informator des Grafen Nicol. Ludw. v. Zinzendorf, nachher Inspector und Pastor primarius zu Schwanbeck bey Halberstadt, † 1742.
Num. 171. 182. 552. 799. 1127. 1208. 1245. 1377. 1458. 1497. (Im Julio 1745 hat sie der Hr. Insp. Grischow in seiner eigenhändig geschriebenen Samlung gefunden.)

64. **Ettmüller,** (Joh. Ehrhard) Königl. Preußischer Commißionsrath und Registrator zu Königsberg in Preussen, † 1717.
Num. 451. (s. das **Königsbergische Kirchengesangbuch,** in 8v. Gr. v. ...)

S.

65. **Faber,** (Johann Ludwig) Schulcollege am Gymnasio Aegibiano zu Nürnberg, und gecrönter Poet, in der Pegnesischen Blumengesellschaft Serrando genannt, † 1678. den 28 Nov.
Num. 908. (s. D. Heinr. Müllers poetischen Andachtsklang, Nürnberg, 1673 in 12mo. Gr. v. ....)

66. **Faber,** (M. Zachäus) Superintendent zu Chemnitz, † 1632 den 12 Dec. alt 49 Jahr.
Num. 1373. (s. Joh. Benj. Huhns Gothaisches Gesangbuch, N.714. und allgemeines historisches Lexicon, 1 Theil, S. 590. Gr. v. ...)

67. Falck-

67. Falckner, (Justus) von Zwickau, Evangelischer Prediger zu Neu=
York und Albanien in America, zu Anfange dieses 18ten Jahrhun=
derts. S. Unschuld. Nachr. 1726 S. 411.
Num. 749.

68. Flemming, (D. Paul) ein Poet und Medicus, der mit der Hol=
steinischen Gesandschaft 1633 nach Moscau und Persien gereiset, † zu
Hamburg 1640 oder nach andern 1646 den 2 April, alt 31 Jahr.
Num. 467. (s. seine Poemata, Lübeck, 1641 und Jena, 1652
in 8v. †)

69. Flittner, (Johann) Diaconus zu Grimmen bey Greifswalde in
Pommern, † 1678 den 7 Jan. alt 58 Jahr.
Num. 856.*) (s. seines himmlischen Lustgärtleins fünftes Stück,
Suscitabulum musicum genannt, Greifswald, 1661 in 8v. Gr. v. ....)
Num. 990. (s. Joh. Avenarii Vorrede zur Vergnügungslust der
Seelen, Leipzig, 1711. in 8v. Gr. v. ....)

70. Förtsch oder Förtzsch, (Basilius) Pastor zu Gumperta in der
Orlamündschen Inspection, ums Jahr 1620.
Num. 534. (s. Dan. Seiffarts Delicias melicas, Nürnberg, 1704
in 8v. S. 266.) Num. 632. 1455. (s. seine geistliche Wasserquelle,
Halle, 1609 in 8v. Gr. v. ...)

71. Francisci, (Erasmus) sonst Finx genannt, ein Gelehrter in
Nürnberg, † 1694 den 20 Dec. alt 68 Jahr.
Num. 52. 360. 802. 815. 894. 919. 1054. 1425. (s. seine
geistliche Goldkammer, Nürnb. 1675 in 8v.) Num. 652. (s. sein
geistl. Hahnengeschrey, da es sich aber anhebt: Der Heilversüser
Schaar gedenkt rc.) Num. 1438. (s. sein Ehr= und Freudenreiches
Wohl der Ewigkeit, in 8v. Gr. v. ....)

72. Francke, (August Hermann) Prof. Theol. und Pastor zu St.
Ulrich in Halle, auch Director des Waisenhauses und königl. Pädago=
gii rc. † 1727 den 8 Jun. alt 64 Jahr.
Num. 795. 1072. (s. seine Gedächtniß= und Leichenpredig=
ten, S. 239 und 674.) Num. 846. (s. seine Anweisung zum Be=
ten

---

*) Es giebt zwey Lieder, die sich anhe=
ben: JESU, meines Herzens
Freud rc. und Uebersetzungen des
lateinischen: Salve, cordis gaudium,
Num. 871 sind. Das eine ist das
hier N. 856: JEsu, meines Her=
zens Freud, sey gegrüsset rc. Und

davon ist Flittner nicht der Verfas=
ser. Das andere aber heisst: JE=
su, meines Herzens Freud, süsser
JEsu rc. Und dis hat Flittner ver=
fertiget, es stehet aber nicht in dem
Freylinghausischen Gesangbuche.

ten, in der Zuschrift und S. 314: vergl. in dessen Epicediis Joh.
Ulr. Schwentzels Abdankungsrede, S. 10. und D. Antonii Gedächtnißpredigt, S. 9.)

73. Franck, (Johann) Burgermeister und Landesältester zu Guben, †
     1677 den 18 Jun. alt 59 Jahr.
       Num. 166. 251. 317. 331. 350. 465. 545. 606. 616. 631. 725.
     810. 841. 1172 (die ersten drey Verse mit dem Anfange: Alle Welt,
     was kreucht und webet 2c.) 1211. 1447. 1527. (ausser den letzten
     Vers, welchen aber Frank auch gemacht hat, s. seine Vater-Unsers-
     Harfe.) 1546. (s. sein geistliches Sion, Guben, 1674. in 8v.
     Gr. v. . . .)

74. Franck, (Melchior) Capellmeister zu Coburg, ums Jahr 1607.
       Num. 303. (s das Coburgische Gesangbuch vom. Jahr 1649
     in 8v. Gr. v. . . .)

75. Franck, (Michael) von Schleusingen, Schulcollege zu Coburg, †
     1667 den 24 Sept. alt 58 Jahr.
       Num. 829. 1066. 1390, so aber streitig seyn soll. (s. sein geist-
     lich Harfenspiel, Coburg, 1657 in 4. Gr. v. . . .)

76. Franck, (Peter) Pastor in Gleussen und Herreth im Coburgischen.
       Num. 3. (s. M. Gottfr. Ludovici Hennebergische Liederhistorie,
     Schleusingen, 1703 in 8. S. 21. Gr. v. . . .)

77. Franck, (M. Sebastian) Diaconus zu Schweinfurt, des Micha-
     els und Peters ältester Bruder, † 1668 den 12 April, alt 62 Jahr.
       Num. 1082. (s. das Coburgische Gesangbuch, 1655 in 8v.
     Gr. v. . . .)

78. von Franckenberg, (Abraham) ein Schlesischer Edelmann, †
     1652 den 25 Jun. S. Unschuld. Nachr. 1725 S. 706 f.
       Num. 801. (s. Joh. Friedr. Burgs Evangelisches Gesangbuch,
     Breßlau, 1746. Gr. v. . . .)

79. Freylinghausen, (Johann Anastasius) von Gandersheim, Pa-
     stor zu St. Ulrich in Halle, und Director des Wäisenhauses und Pä-
     dagogii regii, † 1739 den 12 Febr. im 65sten Jahre.
       Num. 1. 44. 51. 87. 102. 143. 145. 189. 211. 221. 236.
     237. 284. 287. 302. 319. (durch ihn verbessert) 348. 367. 423.
     579. 580. 680. 710. 712. 717. 731. 850. 863. 870. 873. 880.
     923. 980. 1047. 1204. (durch ihn verändert) 1313. 1238. 1282.
     1326. 1456. 1463. 1473. 1504. 1514. 1526. 1528. (s. D. Gotth.
     August Franckens Vorbericht zu diesem Gesangbuche 1741, alwo
     aber aus Versehen Num. 637 mit hineingekommen, welches Num.

712 seyn muß; imgleichen das Freylinghausensche Ehrengedächt=
niß in Fol. S. 75.)

80. **Freystein,** (Doct. J. B.) Hof= und Justitzrath in Dresden.
Num. 739. S. Merseburgisches Gesangbuch, 1736 in 8v.
Wetzels Liederdicht. 4 Th. S. 148.

81. **Fritsch,** (D. Ahasverus) Canzler in Rudolstadt, † 1701 den
24 Aug. alt 73 Jahr. S. MEINR. PIPPING memor. theolog. dec.
VII. S. 1104.
Num. 822. 838. 848. 924. (das sich anfängt: Liebster Imma=
nuel rc. und der 4te Vers ist nicht darin.) 1162. 1356. 1436. (s.
seine Himmelslust und Weltunlust, Jena, 1670 in 8v. Gr. v. ...)

82. **Juger** oder **Jüger,** (M. Casp.) Corrector und hernach Diaco=
nus zu Dresden, † 1617 den 24 Jul
Num. 97. (s. das Dresdensche Gesangbuch in 8v. Gr. v. ...) *)

G.

83. **Gedicke,** (Lampertus) Feldprobst in Berlin, † 1736.
Num. 757. 1036. (s. die Epicedia, S. 62. 26. woselbst aber
Num. 1171 ihm unrecht zugeschrieben worden, als welches schon in
Andr. Luppii Gesangbuche 1692 S. 68 befindlich ist, und J. C.
Ruben zum Verfasser hat.

84. **Gerhard,** (D. Johann) Prof. Theol. zu Jena, † 1637 den
17 Aug. alt 55 Jahr.
Num. 1516. (s. Frommer Herzen geistliches Kleinod, in 12mo.
Gr. v. ...)

85. **Gerhard,** (Paul) Diaconus an der St. Nicolaikirche zu Berlin,
nachher Archidiaconus in Lübben in der Niederlausitz, † 1676 den
17 May, alt 70 Jahr.
Num. 21. 23. 56. 63. 78. 98. 111. 153. 181. 187. 193.
209. 215. 218. 219. 232. 243. 273. 283. 323. 338. 346.
383. 408. 426. 434. 438. 441. 445. 453. 455. 466. 479. 513.
515. 596. 661. 708. 793. 816. 928. 953. 954. 958. (das sich an=
fängt: Barmherzger Vater, höchster GOtt) 973. 983. 984. 1012.
1013.

*) Es fragt sich, ob das Lied: Wir
Christenleut rc. nicht älter sey? Es
findet sich ein Caspar Juger oder
Jüger, der sich schreibt der Eltere,
weiland der alten Herzogin Hein=
richin S. G. gewesener Hofpre=
diger. Dieser hat herausgegeben
ein Hirtengespräch vom Abend=
mahl des HErrn Christi Reimwei=
se rc. Dresden, 1592 in 8v. Daben
stehet ein Weihnachtslied: Gegrüßt
seyst du, wahr'r GOttes Sohn rc.
von 25 Versen. Vielleicht ist derselbe
auch der Verfasser von jenem Liede.

1013. 1031. 1041. 1046. 1049. 1109. 1125. 1142. 1146.
1152. 1158. 1182. 1192. 1193. 1195. 1196. 1216. 1237. 1269.
1284. 1379. 1382. 1402. 1415. 1423. 1434. 1461. 1481. 1494.
1507. 1524. 1553. 1554. 1564. 1570. (f. seine Haus= und Kir=
chenlieder durch D. Joh. Heinr. Senstking, Wittenberg, 1723 in
länglich 12mo. +)

86. von Gersdorf, (Henriette Catharine) Freyfrau, geborne Freyin
von Friesen, † 1726.
Num. 587. 1006. 1169. 1310. (f. ihre geistreiche Lieder und
poetische Betrachtungen, Halle, 1729 in 8v. mit D. Antons Vor=
rede. +)

87. Gesenius, (D. Justus) Generalsuperintendent zu Hannover, †
1671 den 18 Sept. alt 70 Jahr.
Num. 150. 225. 373. 381. 404. 477. 512. 516. 1470. 1480.
(f. die Recensores der Lieder=Auctorum, als Wenzels Lieberdicht. 1 Th.
S. 323. und analect. hymnic. 2 Band, 1 Stück, S. 18. Schamelii
Liedercommentar. 1 Th. S. 88. 2 Th. S. 398. L. C Rühls Hist.
Nachricht von den Tichtern der Lieder, S. 17. u. a. m. Gr. v. . . .)

88. Gesius, (Bartholomäus) Cantor zu Frankfurt an der Oder. ums
Jahr 1604.
Num. 257. (welches Schamelius dem Basil. Förtsch zuschrei=
bet) Num. 1213. 1569. (f. sein Gesangbuch, Frankfurt an der Oder,
1601 und 1607 in drey Theilen in 4t. Gr. v. . . .)

89. von Geusau, (Johanna Ursula) geborne von Rhediger, † 1718
den 31 Octobr. alt 60 Jahr. S. Graf Henckels letzte Stunden,
1 Th. S. 211 f. 234.
Num. 762. 779. 1030. (nach ihres Herrn Sohns, Antonii von
Geusau, Anzeige den 10ten Octobr. 1745 an den Herrn Insp.
Grischow.)

90. Gigas, (M. Johannes) sonst Henne, von Nordhausen, Pa=
stor zu Schweidnitz in Schlesien, ein Schüler und Freund D. Justi
Jonä, † 1581 den 12 Jul. alt 67 Jahr. S. Klugeris Gesangbuch
von Begräbnißliedern, hinten in den Additamentis.
Num. 1352. (f. M. Olearii Lieberbiblioth. S. 45.) Num. 1354.
(f. die DLX geistliche Lieder, Nürnberg, 1601 in 8v. Gr. v. . . .)
Das erste hat M. Joh. Göringer in seinen Lehr= Buß= Bet= und
Trostliedern, 2 Th. S. 570; das andere aber in seinen Todesbe=
trachtungen S. 870 erkläret.

91. Goldelius oder Göldel, (Johann) Pfarrer zu Dienstedt an der
Ilmen bey Weimar, † 1685.

Num.

Num. 599. (nach Schamelii Liedercomment. S. 89; Olearii
Liederschatz, 3 Th. S. 26; Dan. Seiffarts *Delic. melic.* S. 282)
Allein aus M. Casp. Binders, Past. zu Mattstädt, historischem Be=
weis, Jena 1716 in 8v. erhellet, daß M. Martin Rutilius von den
6 ersten Versen dieses Liedes Verfasser sey; (s. daher unten in R.)
der Zusatz aber von den 4 letzten Versen rühret von D. Johann Ma=
jor her. Man sehe Wetzels Liederdicht. 4 Th. S. 425. und *analect.*
hymnic. 2 Bandes 1 Stück, S. 21. Gabr. Wimmers Liedererklä=
rung, 3 Th. S. 31.

92. **Gotter,** (Ludewig Andreas) zuletzt Hof= und Assistenzrath zum
Friedenstein in Gotha, † 1735 den 19 Sept. alt 74 Jahr.
  Num. 4. 271. 300. 371. 372. 436. 443. 461. 562. 569. 581.
591. 639. 653. 695. 72. 776. 937. 969. 1093. 1145. 1334. 1474.
1521. Von diesen Liedern sind von der Fr. Wittwe durch einen
Freund am Gymnasio zu Gotha dem sel. Hrn. Insp. Grischow die
meisten angezeiget worden; der Herr Gr. v. . . . . aber hatte ihm von
allen geschrieben: „Laut seines Manuscripts, die Harfe des Königs
„Davids genannt, so ich mir nach dem Original copiren lassen. „
Nachher hat sie Wetzel in seinen *analect. hymnic.* 2ten Bandes 1 St.
S. 22 f. mit eingerücket, darunter aber doch das S. 26 angeführte:
O GOtt, du reines Wesen 2c Christian Weisen zugehöret.

93. **Graff,** (Simon) Pfarrer zu Schanbau an den Böhmischen Gren=
zen, † 1659 den 25 März, alt 56 Jahr.
  Num. 1359. (s. sein geistlich edel Herzpulver, Leipzig 1632
in 12mo. Gr. v. . . .) Num. 1369. (s. sein Gebet= und Gesang=
buch, welches mit jenem zusammen gedruckt ist.) Dem ohnerachtet
macht man ihm beyde noch streitig: indem ersteres Heinrich Spil=
nern; das andere aber Caspar von Warnberg zugeschrieben wird;
iedoch auch mit Ungewißheit. S. Wimmers Liedererklärung, 4 Th.
S. 452. 473. Klugens Begräbnißlieder, S. 434. 478.

94. **Gretgen,** (Adam) ein Advocat in Sorau, † 1560.
  Num. 449. (s. M. Joh. Quirsfelds geistl. Harfenklang, Leipzig,
1679. in 12mo. Gr. v. . . .) Wetzels Liederdicht. 1 Th. S. 349.

95. **Grünwald,** (M. Martin) Archidiaconus in Zittau, † 1716 den
2 April, alt 52 Jahr.
  Num. 1414. (s. seine andächtige Hausmutter, Görlitz, 1703 in
12mo. Gr. v. . . .) Wetzels Liederdicht. 1 Th. S. 353. und *ana-*
lect. hymnic. 2ten Bandes 2 Stück, S. 143.

96. **Gryphius,** (Andreas) Landschaftssyndicus im Fürstenthum Glogau, in der fruchtbringenden Gesellschaft der Unsterbliche genannt, †
1664 den 16 Jul. alt 48 Jahr.
Num. 231. (s. seine Gedichte, Breslau, 1698 in 8v. Gr. v....)
desgleichen seine Freuden= und Trauerspiele, auch Oden und Sonnette, Leipzig, 1663 in 8v. S. 656.)

97. **Günther,** (Cyriacus) Collega tertius am Gymnasio zu Gotha, †
1704 im Octobr. alt 55 Jahr. S. M. J. A. Webers Histor. der latein.
Sprache, S. 778.
Num. 79. 173. 280. 325. 420. 501. 549. (welches Günther
anfängt: Das heutge Christenthum ist nur ein blosses Wissen 2c.)
787. 1177. 1264. (Diese sind aus seinem geschriebenen Liederbuche, so über 30 geistliche Lieder von ihm enthielt, von seinem Sohne,
Herrn Friedrich Philipp Günthern, Custode an der St. Georgen-
kirche in Glaucha bey Halle, dem sel. Herrn Insp. Grischow, und von
diesem auch mir, communiciret worden. R.)

H.

98. **Händel,** (D. Gottfried) Generalsuperintendent im Anspachischen,
ums Jahr 1674. ein Vater des bekannten D. Christoph Christian
Händels. Wetzels analect. hymnic. 2ten Bandes 2 Stück, S. 165.
Num. 296. (s. das Anspachische Gesangbuch, 1700 in 8v.
Gr. v....)

99. **Händel** oder **Hänel,** (Jacob) sonst **Gallus** genannt, Capell-
meister zu Olmütz um das Jahr 1586.
Num. 108. (s. Lob und Macht GOttes in dem Munde der
Menschen, Nürnberg, 1701 in 8v. Gr. v....) S. Dan. Seiffarts
delic. melic. S. 284. Schamelii Liedercommentar. S. 91. Wetzels
Liederdicht. 1 Th. S. 368.

100. **Harsdörfer,** (George Philipp) Patricius und Rathsherr zu
Nürnberg, in der fruchtbringenden Gesellschaft der Spielende, †
1658 den 22 Sept. alt 51 Jahr.
Num. 785. (s. D. Joh. Sauberti Gesangbuch, Nürnberg, 1677
in 8v.) Num. 1453. (s. seine Nathan, Jotham und Simson,
Nürnberg, 1650 in 8v.) Num. 1460. (s. Joh. Michael Dilherrs
der irdischen Menschen himmlische Engelfreude, Nürnberg, 1653 in
8v.) Num. 1567. (s. seine herzbewegliche Sonntagsandachten,
Nürnberg, 1649 in 8v. Der letzte Vers ist nicht im Original, wie
denn auch einige Wörter versetzt sind. Gr. v....)

101. **Haß.**

101. **Haßlocher,** (Johann Adam) Naſſau-Saarbrückiſcher Superintendent, Conſiſtorialrath und Hofprediger zu Weilburg, † 1726 den 9
Jul. alt 81 Jahr. S M. Johann Matthiä Groſſens Lexicon der
Jubelprieſter, 2 Th. S. 80 f.
Num. 550. (ſ. Philipp Caſimir Schloſſers Haßlocheriſche Zeug-
niſſe der Liebe zur Gottſeligkeit, und deren Vorrede, S. 17. Wetzlar,
1727 in 8v. Gr. v. . . .)

102. **Hedinger,** (D. Johann Reinhard) Würtembergiſcher Oberhofprediger und Conſiſtorialrath zu Stuttgart, † 1704 den 28 Dec.
alt 40 Jahr. S deſſen Lebens- und Todesgeſchichte in theolog. paſt.
pract. 26s t 28 Stück, S. 130. 250. 362. Wetzels analect. hymnic.
2ten Bandes 3 Stück, S. 259.
Num. 744. (ſ. ſeinen andächtigen Herzensklang in dem Hei-
ligthum GOttes, oder Würtembergiſches Geſangbuch, dritte Auflage,
Stuttgart, 1713. S. 1132. in 12mo. Gr. v. . . .)

103. **Heermann,** (Johann) Paſtor zu Köben in Schleſien, † 1647
den 27 Febr. alt 61 Jahr.
Num. 34. 521. (ſ. ſeine Sonntags- und Feſtevangelia, Breslau,
1650 und Leipzig, 1636 in 12mo. +) Num. 114. 191. 197 254. 507.
511. 530. 541 590. 593. 620 640. 644. 649. 665. 671. 678. 699.
707. 780. 920. 1034. 1107 1303. 1320. 1370. 1407. 1517.
1545. 1566. 1573. (ſ. ſeine Haus- und Herzensmuſic, Breslau,
1650 und Leipzig, 1644 und 1663 in 12mo. +)

104. **Hegenwald,** (M. Erhard) Einige halten ihn für einen Wür-
tembergiſchen Theologum, der 1537 mit zu Schmalkalden gegenwär-
tig geweſen; andere für einen Doctorem Medicinä 1526.
Num. 613. (ſ. der Böhmiſchen Brüder Kirchengeſangbuch 1606
in 4t. Gr. v. . . .)

105. **Heine,** (M. George) Diaconus zu St. Moritz in Halle, 1672
bis 1685. (D. Heineccii Halliſches Jubeldenkmaal, Vorrede, S. 88.)
nachher Prediger in Pommern.
Num. 524. 777. (Das Original, ſo ſich anfängt: Schau, treuer
GOtt, wie meine Feind 2c. hat nicht 10, ſondern 16 Verſe: es findet
ſich aber der 5te Vers nicht mit darunter. ſ. ſeine Chriſterbauliche
Lieder 2c. Amſterdam, Frankfurt und Leipzig, 1693 in 8v. u. Frankfurt 1699 in 8v. Gr. v. . . .)

Zu Num. 1324, daß ihm auch hat wollen zugeſchrieben werden, hat ſich
Herr D. Johann Chriſtian Lange, Generalſuperintendent zu Jdſtein, den
2ten Jun. 1752 im 83ten Jahre ſeines Alters ſchriftlich bekannt. Siehe unten unter L.

106. Held, (Heinrich) ein teutscher Poet im vorigen Jahrhundert.
Num. 6. 199. (s. seine poetische Lust und Unlust, Frankfurt an
der Oder, 1643 in 8v. Gr. v . . .)

107. Helder, (Bartholomäus) Pfarrer zu Remstädt bey Gotha, †
1635 ben 28 October,
Num. 81. 161. 1129. 1268. (s. Huhns Gothaisches Gesang=
buch, 1736 und 1742. Gr. v. . . .) Wetzels analect. hymnic.
2ten Bandes 3 Stück, S. 271. Joh. Christoph Olearii Evangel.
Lieder=Annales in unschuld. Nachricht. 1721. S. 993.

108. Helmbold, (M. Ludwig) Superintendent zu Mühlhausen, †
1598 ben 12 April, alt 67 Jahr. S. Wilh. Ernst Tenzels curieuse
Biblioth. S. 368. Wetzels analect. hymnic. 2ten Bandes 3 Stück,
S. 272.
Num. 89. 320. 397. 1385. 1541. (s. seine 30 Lieder, von Joa=
chim von Burck ediret, Mühlhausen, 1594 in 8v. Gr. v. . . .)
Num. 968. (s Altorfische Liedertafel, Altdorf, 1700 in 8v. Gr.
v. . . .) Num. 1156. (s. den 2ten Theil seiner geistlichen Lieder,
Mühlhausen, 1615 S. 38. Gr. v. . . .)

*)

109. Graf von Henckel, (Elias Andreas) Oberbergischer Linie, gebo=
ren 1632 ben 16 May, † 1700 ben 14 April.
Num. 1536. (s. Zeibichs Baruthisches Gesangbuch, Leipzig, 1711
in 8v. Gr. v. . . .)

110. Herberger, (Valerius) Prediger zu Fraustadt in Großpolen,
† 1627 ben 18 May, alt 66 Jahr.
Num. 1414. (s. Sam. Friedr. Lauterbachs *vita, foma et fata*
VAL. HERBERGERI, Leipzig, 1708 in 8v. S. 293. Gr. v. . . .)
III. Her=

---

*) Hier folget in dem Grischowischen
Verzeichniß:
  110. Henrici, (Christian Frie=
drich) sonst Picander genannt,
(dessen Lebenslauf in M. Gott=
schalds Liederreimarquen, 6 Stück,
S. 880 zu finden) Ober=Postcom=
missarius und hernach Creis = Land=
steuereinnehmer zu Leipzig. Num.
408. (s. Picanders Samlung
erbaulicher Gedanken 2c. Leipzig,
1725 in 8v. Gr. v. . . .)
  Allein dis ist ein ganz anderes
Lied. Es fängt sich zwar auch an:
Also hat GOtt die Welt gelie=

bet 2c. lautet aber nun weiter so:
daß er sein eingebornes Kind für
uns verdammte Menschen gie=
bet 2c. nach der Meloden: Wer nur
den lieben GOtt läßt walten 2c.
und hat nur 6 Verse, deren Anfang
die Worte ausmachen: 1) Also 2)
Hat 3) GOtt 4) Die 5) Welt 6)
Geliebet. Auch hat der Hambur=
gische Pastor Erdm. Neumeister
ein Lied von gleichem Anfange und
Meloden gemacht; es ist aber auch
nicht dis unseres, als von welchem
ein noch Unbekannter der Verfas=
ser ist.

111. **Hermann,** (Nicolaus) Cantor im Joachimsthal zur Zeit Johannis Mathesii, † 1561 den 3 May im hohen Alter.
Num. 58. 69. 253. 294. (hat 4 Verſe; aber der 2te fehlet) 1459.
1515. 1551. (ſ. ſeine Sonntagsevangelia, Nürnberg, 1562 in 8v.
Leipzig, 1586 in 8v. Gr. v. . . . .) Num. 668. 1418. 1576. (ſ.
ſeine Hiſtorien von der Sündfluth, Joseph, Moſe, Hella, Elisa ꝛc.
Leipzig, 1584 und 1593 in 8v. ✝)

112. **Herrnſchmid,** (D. Johann Daniel) Profeſſor Theologiä zu
Halle, † 1713 den 5 Febr. alt 48 Jahr. S. D. Langens inſtitutiones theolog. litterär. S. 762. Joh. Chriſtoph von Dreyhaupts Saalcreis, 2 Th. S. 633.
Num. 40. 120. 261. 409. 437. 612. 768. 963. 965. 1010.
1020. 1181. 1201. 1205. 1227. 1248. 1343. (ſ. Joh. Aug Majers
Unterricht von der geiſtlichen Trägheit, als eine teutſche Ueberſetzung ſeines Tractats de acedia, in der Vorrede, S. 27 f ✝ woſelbſt zwar
Num. 120 und 1181 fehlen, ſind aber beym Freylinghauſen befindlich, und der Herr Conſiſtorialrath D. Francke hat ſie auch angezeiget.

113. **Herzog,** (D. Johann Friedrich) Conſulent in Dresden, †
1699 den 21 März, alt 51 Jahr.
Num. 1525. (ſ. M. Joh. Ernſt Herzogs, ſeines Bruders, Leichenpredigt, von M. A. Poſſelt gehalten, Zittau, 1715 in 4t. Gr.
v. . . .)

114. **Heſſe,** (D. Johann) von Nürnberg, erſter evangeliſcher Prediger zu Breslau, † 1547 den 6 Januar, alt 56 Jahr.
Num. 1411. (ſ. das Dresdenſche Geſangbuch von A 1593 und
1622 in 4t. Gr. v. . . .) Man ſehe Wetzels Liederdicht. 1 Th.
S. 423 , 429 3 Th. S. 471. Schamelii Liedercommentar. S. 663.
Rühls Liederdicht. S. 22. ****)

115. Heu-

---

*) In dem Griſchowiſchen Lieberverzeichniß ſtehet:

113. **Hermann,** (Johann)
insgemein Italus ſenior genannt.
Num. 541. Wetzels Liederdicht.
1 Th. S. 413. Schamelii Liedercomment. S. 91.
mit der Anmerkung: „Dieſes
„hat man anfänglich ſo mit ins
„Verzeichniß gebracht. Ob man
„nun wol neulichſt dis Lied in Johann Heermanns Haus und

„Herzmuſica, S. 76 angetroffen:
„ſo hat man doch hier die Num.
„113, um der Ordnung willen, beyzubehalten für gut befunden."
Dieweil aber jener ein offenbar unrichtig angegebener Auctor iſt, ſo hat
man ihn billig nun in [der Reihe weggelaſſen.

**) In dem Griſchowiſchen Lieberverzeichniß heiſſet es: „In dem
„Geſangbuche, das an die Starcardiſche Bibel vom Jahr 1707
„gedruckt

115. Heubach, (Philipp Joachim) Pastor zu Altenberg bey Jena. Num. 761, aber nur die Antwort JEsu.

116. Heyden, (Sebald) Rector der Schule bey St. Sebald in Nürnberg, † 1561 alt 63 Jahr. Num. 1567. Wetzels Liederdicht. 1 Th. S. 430. Schamelii Liedercommentar. S. 95. Scyffarts *delic. melic.* S. 295. Andere wollen es G. P. Harsdörfern (s. droben n. 100) zuschreiben; ies doch ohne Grund.

117. Zinckelmann, (D. Abraham) zuletzt Pastor an der St. Catharinenkirche in Hamburg, † 1695 den 11 Febr. alt 43 Jahr. S. PIPPING *memor. theol.* S. 597. Num. 380. 525. (s. das Ratzeburgische Gesangbuch in 8v. Gr. v. ...)

118. Hippe oder von Hippen, (Johann Heinrich) aus Wohlau, Limpurgischer Rath und Hofmeister, ums Jahr 1676. Num. 188. (das sich aber anfängt: Gute Nacht, ihr Eitelkeiten rc.) Wetzels Liederdicht. 1 Th. S. 431. 3 Th. Vorrede und analect. hymnic. 2ten Bandes 3 Stück, S. 280. Kühls Liederdicht. S. 23.

119. von

„gedruckt ist, stehet unter diesem „Liede: Dis Lied hat gemacht „George Zimmermann, ein Wittenbergischer Studiosus, von „Aschersleben gebürtig, welchen „der Satan 1670 (oder vielmehr „1608 den 21 Octob.) zu einer grausamen Mordthat verführet, daß er „seine Mutter und Schwester umgebracht. Nachdem er aber seine „Sünde bußfertig erkannt, hat er „dis Lied aufgesetzet und verfertiget. Weil es nun von solchem Auctore nach solcher Veranlassung „gemacht worden; so meinen einige, daß es sich nicht wohl für frommme sterbende Christen schicke. „Hingegen halten andere dafür, „daß, nachdem es von D. Johann „Oleario verbessert worden, (der „es in seiner geistlichen Singekunst von A. 1671 in 8v. S. 1422 „und von A. 1672 in 12mo S. 1104 „anhängt: Gottlob, die Welt „ich lasse rc.) man es gleich so wohl

„gebrauchen könne, als wie man „des Königes Davids 51sten Psalm „gebrauchet rc.„ Dieser George Zimmermann, ein Studiosus Theologiä, war ein Sohn M. George Zimmermanns, der vorher Vicerector auf der Hällischen Schule, und nachher Pastor zu St. Laurentii auf dem Neumarkte an Halle, von 1568 den 6ten October bis 1574, gewesen, von da aber nach Aschersleben berufen worden, und alda als Pastor primarius A. 1600 den 16ten Jul. im 73sten Jahre seines Alters gestorben, (s. D. Gottfr. Olearii Halygraph S. 88 und Neumarktisches Jubelzeugniß, Halle 1747 in 4t. S. 92.) Die Verfertigung dieses Liedes aber wird ihm billig abgesprochen. S. Johann Christoph Olearii curieuse Remarquen über dis Lied, Arnstadt 1716 in 8v. und George Serpilii historische Untersuchung dieses Liedes, Regensburg 1716 in 8v.

119. von **Hörnigk,** (D. Ludewig) Fürſtlich-Pfalzgräflicher Rath und Medicus, hernach Churmänntziſcher Rath, † 1667 zu Mäyntz.
Num. 1397. (ſ Serpilii Nachricht von dieſem Liede, Regenſpurg, 1720 in 8v. Gr. v. ...) Wetzels *analect. hymn.* 2ten Bandes 3tes Stück, S. 301.

120. von **Hoffmannswaldau,** (Chriſtian) Kaiſerlicher Rath und der Stadt Breslau Raths-Präſes, † 1679 den 18 April, alt 61 Jahr. S. Dan. Caſp. von Lohenſteins Trauerrede
Num. 1002. (ſ. ſeine geiſtliche Oden, Breslau, 1689 in 8v. S. 37. Gr. v. ...)

121. **Homburg,** (Ernſt Chriſtoph) Gerichtsactuarius und Juris Practicus zu Naumburg, in der fruchtbringenden Geſellſchaft, ſeit 1648, der Keuſche, † 1681 den 2 Jun. alt 76 Jahr.
Num. 202. (ſ. M. Joh. Chriſtoph Olearii Lieberſchatz, 2 Theil, S. 88 ½ und deſſen Betrachtung dieſes Liedes, Jena, 1704 in länglich 12mo.) Num. 259. 265. 290. 955. (ſ. ſeine geiſtliche Lieder, Jena, 1659 in 8v. Gr. v. ...)

122. **Hubert oder Humbert,** (Conrad) Diaconus zu St. Thomä in Straßburg ums Jahr 1542, welcher 44 Jahr im Amte geſtanden und im hohen Alter geſtorben. S. D. Joh. Schmidii *opp. gymn.* *ad Chron.* Argent. S. 313.
Num. 1519. (ſ. Straßburgiſches Kirchengeſangbuch, 1616 in Fol. Gr. v. ...)

J.

123. **Ingolſtetter,** (Andreas) ein gelehrter Kaufmann und Poet in Nürnberg, in dem Pegneſiſchen Blumenorden Poliander genannt, nachher Herzoglich-Würtembergiſcher Rath, † 1711 den 6 Jun. alt 78 Jahr.
Num. 470. (ſ. Heinr. Müllers poetiſchen Andachtsklang, Nürnberg, 1673 in 12mo. Gr. v. ...)

124. **Job,** (Johannes) Syndicus und hernach Baumeiſter zu Leipzig, † 1736.
Num. 277. 447. 457. 577. 1241. (Im Julio 1745 hat ſie der Herr Inſp. Griſchow aus ſeinem eigenhändigen Manuſcript, das ihm ſein Herr Sohn, Joh. Heinrich Job, Diaconus an der St. Georgenkirche in Glaucha bey Halle, (ſo 1762 den 4 Febr. geſtorben) communiciret, ausgezeichnet.

125. Johann Friedrich, der Großmüthige, Churfürst zu Sachsen, geboren 1503 den 30 Jun. † 1554 den 3 März, alt 51 Jahr. S. M. Joh. Mich. Weichselfelders Leben Johann Friedrichs des Großmüthigen, Frankfurt am Mayn, 1754 in 8v. Num. 1037. (s. BLVMII differt. de principibus poetis. Gr. v. . . . .) W. E. Tenzels cur. Biblioth. Repos. 2 1705 S. 20. D. LVDOVICI progr. pentec. de hymnopoeis Coburgensibus, 1714. Dan. Seiffarts mel melic. magnat. moriens. 1 Th. S. 232.

126. Jonas, (D. Justus) erst Präpositus und Prof. Theol. zu Wittenberg, sodann 1541 erster evangelischer Prediger und Pastor primarius zu U. L. Fr. in Halle, zuletzt Coburgischer Generalsuperintendent zu Eißfeld, geb. 1493 den 5 Jun. zu Nordhausen, † 1555 den 9ten Octobr. alt 63 Jahr. S. D. LAVR. REINHARDI vita et obitus IVSTI IONAE, Vinar. et Altenburg. 1731 in 8v. M. Carl Friedr. Diezels Eißfeld. Stadthistorie, Coburg, 1721 S. 44. Joh. Werner Kraussens Histor. Francon. insonderheit von der Stadt Eißfeld, Hildburghausen, 1753 in 4t. S. 97. Num. 490 (aber nur der Zusatz b. 5. 6) Num. 1319. (s. Cyriaci Spangenbergs Citharam Lutheri, Wittenberg, 1601. 2 Th. Fol. 58. Gr. v. . . .)

*)

K.

127. Kämpf oder Kempf, (M. Johann) Diaconus zu Gotha. † 1625. Num. 1417. (s. Huhns Gothaisches Gesangbuch, 1742 in 8v. Gr. v . . .)

128. Kehlius oder Kehl, (George) soll Informator auf dem Pädagogio in Glaucha gewesen seyn, (wiewol er in dem Verzeichnisse bey RIER. FREYERI Programmat. nicht stehet) ist hernach aber Prediger im Waysenhause zu Oettingen geworden. Num. 1427. (nach dem mündlichen Bericht des sel. Herrn Consistorialraths D Franckens.)

129. Rei-

*) Hier folget in dem Grischowischen Liederverzeichniß: 128. Josephi, (Jeremias) weiland Superintendent zu Sorau. Num. 134. mit dem Beysatz: „Diese hat ihm wollen zugeschrieben werden, weil es in seinem im Manuscript vorhandenen Collegio poetico befindlich ist. Nach näherer Untersuchung aber hat man sichere Nachricht erhalten, daß D. Johann Christian Lange der Verfasser sey. s. drunten unter L. (als welcher sich selbst, auf schriftliche Anfrage, in einem Schreiben an den sel. Hrn. D. Francken im Jahr 1752 dazu bekannt hat.) Daher jetzer billig hier weggeblieben.

129. **Reimann,** (M. Christian) Rector in Zittau, † 1662 den 13.
Januar. alt 55 Jahr.
Num. 54. 1060. (L. D. GODOFR. LVDOVICI histor. Rector.
2 Th. S. 82 und M. Johann Avenarii vergnügteste Seelenlust,
Leipzig, 1711 in 8. S. 391 s. Gr. v. ...)

130. **Kellner,** (Johann Wilhelm) von Zinnendorf, Pastor zu
Kießlingswalda in der Oberlausitz von 1696 bis 1709, nachher Kön.
Preußischer Hofrath und Pfänner in Halle, † 1738 im November.
Num. 893. (s. Friedr. Wagners Pommerischen Sing= und Bet=
altär, Stargard, 1736 in 8b. Gr. v. ....) Wetzels Liederdicht.
4 Th. S. 270.

131. **Reßler,** (D. Andreas) Generalsuperintendent in Coburg, † 1643
den 15 May, alt 48 Jahr.
Num. 1143. (s. das Coburgische Gesangbuch, 1655 in 8b.
Gr. v. ...)

132. **Aleß,** (Johann) Hofprediger, Oberconsistorial= und Kirchenrath
zu Weimar, geb. 1669 den 2 März, † 1720 den 28 Octobr. alt
52 Jahr. S. Wetzels analect. hymnic. 2ten Bandes 4tes Stück,
S. 442.
Num. 485. (s. seine Weimarische kleine Bibel, Weimar, 1701
in 8. Gr. v. ...)

133. **Knorr von Rosenroth,** (Christian) Freyherr, geheimer Rath,
und Canzeley=Director zu Sulzbach, † 1688 im April, alt 52 Jahr.
Num. 43. 110. 174. 249. 262. 308. 576. 586. 888. 897. 898.
899. 914. 1123. 1189. 1482. (s. seinen neuen Helicon, d. i. geist=
liche Sittenlieder, Nürnberg, 1684 und 1694 in länglich 12mo. ‡)

134. **Kohlroß,** (Johann) ein Lehrer zur Zeit Lutheri, † 1558.
Num. 478. 1477. (s. der Böhmischen Brüder Kirchengesänge
vom Jahr 1606 in 4. Gr. v ...)

135. **Koitsch,** (Christian Jacob) Inspector des Pädagogii regii zu
Glaucha von 1700 bis 1705, nachher Rector und Professor des
Gymnasii zu Elbingen in Preussen, † 1735. S. FREYERI Programmat. S 691, alwo ihm aber das Adventslied: Auf, auf, weil
der Tag erschienen, (welches der Hr. Past. Freylinghausen gemacht
hat) ohne Grund beygeleget worden; Acta scholastica, 4ten Bandes
3 Stück, S. 242 s.
Num. 10. 267. 518. 718. 754. 814. 836. 871. 1198. 1201.
1578. (nach seiner eigenen Designation an den sel. Herrn Superinten=
dent Lau in Wernigeroda, als seinen ehemaligen Discipel.)

136. Kö=

136. **König,** (Samuel) Professor auf dem Gymnasio in Bern ums
Jahr 1700.
Num. 519. verbessert durch Joh. Anast. Freylinghausen. (nach
seiner eigenen Abgabe, s. Wetzels analect. hymnic. 2ten Bandes
1 Stück, S. 53.)

137. **Kongehl,** (Michael) Churbrandenburgischer Secretarius zu Königsberg in Preussen, im Blumenorden Prutenio genannt, † als
Burgermeister im Kneiphof 1710 den 1 Nov. alt 64 Jahr, hat verschiedene Gedichte ediret.
Num. 985. (s. Heinr. Müllers poetischen Andachtsklang, in 12mo.
Gr. v....) Wetzels Liederdicht. 2 Th. S. 50 und analect. hymn.
2ten Bandes 4tes Stück, S. 450.

L.

138. **Lackmann,** (Peter) weiland Pastor in Oldenburg, (ein Vater
des Oberconsistorial-Assessors und Professors der Geschichte zu Kiel,
Adam Heinrich Lackmanns, welcher 1753 im August gestorben, und
geistreiche Gedichte herausgegeben, 2te Auflage, Hamburg, 1735 in
8v.) ein Freund des sel. Hrn. Prof. Aug. Herm. Franckens.
Num. 571. (s. M. Philippi Merseburgisches Gesangbuch, 1716
in länglich 12mo. S. 211.) Num. 905. 1121. (nach der Versiche-
rung des Generalsuperintendentens, D. Joh. Christian Langens,
welcher mit ihm zugleich studiret hat) Num. 1322. 1360. 1464.
1468. 1513. Alle diese hat ihm der sel. Hr. Past. Freylinghausen zugeschrieben; der Herr Gr. v... aber hat dem Herrn Insp. Grischow
1754 den 3 August folgendes berichtet: „Ich habe an seinen Herrn
„Sohn (nach Kiel) geschrieben, der mir geantwortet, daß ihm die
„Lieder, so sein seliger Vater gemacht, nicht recht bekannt wären, da
„er des Vaters Manuscripta bey seinem Schiffbruche mit verloren
„habe.„ *)

139. **Lan-**

---

*) Da man inzwischen diesen Nachrich-
ten trauen kann, so ist hier folgende
in dem Grischowischen Liederverzeichniß befindliche Rubric oben
weggelassen worden:
139. Langemar, (Johannes)
weiland Diaconus in Colmar. Num.
1468. (s. Friedr. Wagners Pommerischen Sing- und Betaltar,
Stargard, 1736 in 8v. Gr. v....)

indem Num. 1468 oben unter den
Lackmannischen mit enthalten. Auch
fallen bey obigen Numern die sonst
dabey stehenden Namen Lange-
mack, Lürkemann, Lakemann, imgleichen Adam Heinr. Lackmann,
(in M. Gottschaldts Liederremarquen, S. 391) hinweg.

139. Lange, (Ernst) Rathsverwandter und Richter der Alten Stadt Danzig, † 17... Wetzels analect. hymnic. 2ten Bandes 1 Stück, S. 66.

Num. 103. 152. 171. 283. 304. 345. 370. (nach des sel. Hrn. Past. Freylinghausens Anmerkung und des sel. Herrn D. Franckens Beystimmung 1756 den 7 Aug.) Num 418. 626. 629. 633. 714. 715. 720. 791. 934. 948. 1228 1235. 1246. 1361. 1466. 1509. 1555. 1572. (s. seine LXI Gottgeheiligte Stunden, Danzig, 1711 in 8v. Er v....)

140. Lange, (D. Joachim) Professor Theolog. zu Halle, † 1744 den 7 May, alt 74 Jahr. S. seinen eigenen Lebenslauf, Halle 1744 in 8v. Wetzels analect. hymni. 2ten Bandes 4 Stück, S. 453.

Num. 1332 1489. (nach seiner dem Hrn Insp. Grischow gethanen mündlichen Anzeige.)

Num. 695 hat ihm sein Eidam, der sel. Herr D. Rambach, in seinem Hessendarmstädtischen Kirchengesangbuche, Darmstadt, 1733, unrecht zugeschrieben, und gehöret solches oben mit zu Num. 92.

141. Lange, (D Johann Christian) Generalsuperintendent in Jbstein, † 1756 den 16 Dec. alt 87 Jahr. Wetzels analect. hymnic. 2ten Bandes 4 Stück, S. 472.

Num. 134. 1116. 1323. 1339. (Zu diesen vier Liedern hat sich der Herr Generalsuperintendent in einem Schreiben nach Halle unterm 2ten Jun. 1752, im 83sten Jahre seines Lebens selbst bekannt.

In eines Anonymi Kraft der christlichen Religion in den letzten Stunden sterbender Gerechten, Hildburghausen, 1768 in 8b. alwo S. 695 s; 710 der Lebensanfang, Fort; und Ausgang Hrn. D. Joh. Christ. Langens zu finden ist, wird ihm ein Verzeichniß von 17 Kernliedern zugeschrieben.

142. Langhanß, (Urban) Cantor und sodann 1554 Diaconus zu Glaucha in dem Schönburgischen, von da er nach Schneeberg gekommen.

Num 68, (s. Dan. Seiffarts delicias melicas, S. 303. Er. v....) Wetzels analect. hymnic. 2ten Bandes 5tes Stück, S. 541. Christian Melzers Schneeberg. Chronik; S. 325 und 114.

143. Lassenius, (D. Johann) aus Waldau in Pommern, Hofprediger, Consistorial-Adsessor, Prof. Theol. und Pastor zu St. Petri in Copenhagen, † 1692 den 29 August, alt 56 Jahr. S. seine Lebensbeschreibung in dem Perlenschatz, 1715 in med. 8b.

Num. 636. 6446. (s. seinen biblischen Weihrauch, Copenhagen, 1711 in 8b.) Num 1492. (s. seinen Lebenslauf, in 8v. Er. v....) So wol diese drey, als auch noch viel mehrere Lieder von

von ihm, stehen in dem Kopenhagner teutschen Gesangbuch unter
dem Titel: Lobsingende Andacht mit D. Joh. Lassenii Vorrede,
Kopenhagen, 1692 und 1697 in länglich 12mo. woselbst unter seinen
Liedern sein Name allemal ausgedruckt worden.

144. **Laurenti,** (nicht Laurentii) (Laurentius) Cantor oder Director der Music am Dom in Bremen, † 1722.
Num. 27. 31. 49. 113. 146. 159. 160. 165. 170. 185. 234.
239. 289. 311. 334. 388. 394. 395. 474. 487. 508. 531. 560.
567. 624. 734. 931. 936. 937. 940. 1313. 1340. 1362. 1429.
(s. seine *Euangelia melodica*, d. i. geistliche Lieder und Lobgesänge,
Bremen, 1700 in 12mo. †)

145. **Lehr,** (Leopold Franz Friedrich) Diaconus der Lutherischen
Gemeine zu Cöthen, † 1744 den 26 Jan. alt 35 Jahr.
Sein in der neuesten Ausgabe dieses Gesangbuchs 1771 im Anhange
S. 1038 hinzugekommenes Lied ist: Mein Heiland nimt die Sün-
der an 2c. S. Lehrs Leben und Lieder von G. C. Giese, Leipzig und
Görlitz, 1746 in 8v. S. 115 f. und dessen himmlisches Vergnügen
in GOtt und Christo, oder geistliche Lieder von Samuel Helmich,
Halle, 1757 in groß 8v. S. 43 f. Wetzels *analect. hymn.* 2ten Band
des 2 Stück, S. 175 f.

146. **Leichner,** (D. Eccard) Professor Medicinä zu Erfurt, † 1690
den 29 August, alt 79 Jahr.
Num. 70. (s. Nachricht von den Begebenheiten der Stadt Erfurt,
Leipzig, 1713 in 8v. S. 264 f. Gr. v. . . .) Wetzels Liederdicht.
2 Th. S. 66. Motschmanns *Erfordia litterat.* 3 Saml. S. 436.

147. **Leo,** oder wie er sich schreibt, **Leon,** (Johann) Pastor zu Wöl-
fis, einem Dorfe in Thüringen, ohnweit Ordruff ums Jahr 1607.
Num. 329. (s. Schamelii Liedercommentar. S. 223 und S. 99,
alwo er das alte Gothaische Gesangbuch, 1646 in 8v. allegiret,
Gr. v. . . . und Wetzels Liederdicht. 2 Th. S. 70, der sich auf das
Meinungische Gesangbuch 1711 S. 226 berufet.)

148. **Lindemann,** (Johann) Cantor zu Gotha, von 1580 bis 1630,
der aus der Familie von Lutheri Mutter herstammen soll.
Num. 1140. (s. das Gothaische Gesangbuch 1729 und 1742
in 8v. Gr. v. . . .)

149. **Liscovius** oder **Lischkow,** (M. Salomon) Pastor zu Otter-
wisch und Stockheim, ums Jahr 1672. (Soll nach Schamelii Liedercomment. S. 402 und Wetzels *analect. hymnic.* 2ten Bandes 5tem
Stück, S. 563 A. 1716 im 64sten Jahre gestorben seyn; welches aber
nicht

nicht wahrscheinlich ist, weil er schon A. 1665 eine poetische Beschrei=
bung von Bäumen ediret hat. Wetzels Liederdicht. 2 Th. S. 76.
NEVMEISTER *de poesis german.* S. 64.)

    Num. 131. 377. 872. 1132. (s. seinen Tugendspiegel des christ=
lichen Frauenzimmers, 1672. Leipzig, 1715 und 1731 in 12mo. †)

150. Lochner, (Carl Friedrich) Pastor zu Fürth, im Pegnesischen
Blumenorden Periander genannt, † 1697 den 26 Februar, alt
63 Jahr.

    Num. 1088. (s. Heinrich Müllers poetischen Andachtsklang,
Nürnberg, 1673 in 12mo. Gr. v. . . .)

151. Lochner, (D. Jacob Hieronymus) Königl. Schwedischer Kir=
chenrath und Generalsuperintendent, wie auch Pastor an der Domkir=
che in Bremen, im Pegnesischen Blumenorden Amyntas II. genannt,
† 1700 den 26 Jul. alt 151 Jahr. Wetzels *analect. hymnic.* 2ten
Bandes 2 Stück, S. 198.

    Num. 959. (s. Heinrich Müllers poetischen Andachtsklang.
Gr. v. . . .)

152. von Löwenstern, (Matthäus Apelles) Kaiserlicher Rath und
endlich Herzogs Carl Friedrich zu Münsterberg=Oels Staatsrath, †
1648 den 11 April zu Breslau, alt 54 Jahr. S. Joh. Sinapii *Oels=
nograph.* 1 Th. S. 673. 702. und 2 Th. S. 23.

    Num 1520. (s. das Schlesische Gesangbuch 1711 in 8v.
Gr. v. . . .)

153. Ludämilia Elisabeth, Gräfin von Schwarzburg=Rudolstadt,
geboren 1640 den 7 April, † als Braut mit einem ihrer Herren Vet=
ter Sondershausischer Linie 1672 den 12 März, auf Einen Tag mit
ihrer Schwester Christiana Magdalena, alt 32 Jahr. S. M. Joh.
Friedr. Treibers Geschlechts= und Landesbeschreibung des Durchlaucht.
Hauses Schwarzburg, S. 60.

    Num. 342. 405. 419. 637. 1000. 1017. 1069. (s. ihre Stim=
me der Freundin, d. i. geistliche Lieder, Rudolphstadt, 1687 in länglich
12mo. (darin 207 Lieder von ihr vorkommen) Gr. v. . . .)

154. Lutherus, (D. Mart.) Professor Theologiä zu Wittenberg, ge=
boren 1483 den 10 Nov. zu Eisleben, und eben daselbst † 1546 den
18 Febr. alt 63 Jahr. Unter vielen andern in D. IO. ALB. FABRI-
CII *Centifolio Lutherano* angeführten Lebensbeschreibungen desselben,
s. D. Joh. Dan. Herrnschmids Leben Lutheri, Halle, 1741 in 8v. und
lateinisch übersetzt von Joh. Heinr. Grischow, in eben dem Jahr.

    Num. 16. 38. 57. 91. 92. 158. 246. 258. 328. 332. 337.
349. 355. 365. 382. 433. 488. 490. (nur die drey ersten Verse)
491.

493. 504. 514. 529. 536. 554. 610. 730. 1131. 1190. (f. Petr.
Busch Betrachtung des Te Deum laudamus, Hannover, 1735 in
8v.) Num. 1289. 1314. 1398. 1399. 1556. (f. Christian Albert.
Ermelii Litaneybetrachtung, Lübben, 1717 und 1733 in 4t) Num.
1568. (f. Lutheri Werke, tom XXII. Leipzig, 1734 Fol. 284‒295. ‡
Weßels Liederdicht. 2 Th. S 106‒142.)

Ueber Num. 337 und 529 siehe Tom. 16 Edition. Lipsiens. Fol. 240 b.
Num. 536 ist Johann Hussens Iesus Christus, nostra salus, f. Joh. Huß opera,
tom. II. J. 520. edit. Norimb. 1715: aber verbessert durch D. M. L. f.
MART. CRVSII homil. hymnodic. S. 62. *)

M.

155. **Maria,** Königin in Ungarn und Böhmen, Kaysers Carl des fünften und Ferdinand des ersten Schwester, deren Gemahl, König
Ludewig, 1526 in der Schlacht wider die Türken bey Mohacz geblieben, worauf sie die Evangelische Lehre angenommen ꝛc. geb. 1505 den
17 Sept. † 1558 den 18 Nov. alt 53 Jahr. S. D. Rambachs
histor. Vorbericht von dieser Königin vor D. Luthers Erklärung einiger Trostpsalmen.
　　　Num. 1057. (f. der Böhmischen Brüder Kirchengesangbuch,
1606 in 4t. Gr. v. . . .)

156. **Marperger,** (D. Bernhard Walther) Oberhofprediger, Kir-
chen- und Oberconsistorialrath zu Dresden, † 1746 den 29 März, alt
64 Jahr. S Joh Jac. Mosers Lexicon der Theologen, S. 478. 489.
Beyträge zu den Act.s historc. ecclesast. 1 Band, S. 1050.
　　　Num. 1367. (f. sein Verlangen nach einem seligen Tode, durch
Christian Hirsch, Nürnberg, 1726 in 8. Gr. v. . . .)

157. **Mathesius,** (M Johann) Pfarrer im Joachimsthal, † 1565
den 8 Octobr. alt 62 Jahr. S. M Joh. Balthasar Mathesius Lebensbeschreibung M. Joh. Mathesii, Dresden, 1705 in 8. S. 202.
　　　　　　　　　　　　　　　　　　　　　　　　　　　Num.

---

*) Die allerersten Lutherischen Gesän-
ge von 1524 und 1525 hat mit einer
Vorrede wieder auflegen lassen Joh.
Christoph Olearius in seiner Ju-
bilirenden Liederfreude, Arnstadt,
1717 in 8v. wovon D. Walchs Vorrede zum X Theil der Schriften Lutheri zu Halle, §. 44. S. 82 f. nachzusehen. Gleichfalls findet man den
Abdruck der ersten drey Lutherischen
Gesangbüchlein in Johann Martin
Schamelii Liedercommentar. Leipzig, 1724 in längl. 12mo nach S. 804

und in desselben andern Auflage,
Leipzig, 1737 in 8v. nach S. 716.
S. Petr Busch Evangelisch = Luthe-
rische Jubelfreude, Hannover, 1724
in 8v. D. G. S (D. i. David Gottfried Schöbers) Beytrag zur Lieder-
historie. Leipzig, 1759 in 8v. 2ten Beytrag, 1760 und D. Joh. Barthol.
Riederers Abhandlung von Einfüh-
rung des teutschen Gesangs in die
Evangelischlutherische Kirche, Nürnberg, 1759 in 8v.

Num. 1450. (f. Gottfr. Arnolds Kirchen-und-Ketzerhistorie, 2 Theil, XVI Buch, XI Cap. n. 34. Edit. Schafhausen, 1740 in Fol. †)

158. **Mauriciin,** (Anna Maria) Jungfer, eine Tochter eines Lutherischen Badendurlachischen Predigers.

Num. 759. (laut Gräfin Benigna Maria von Reuß Zeugniß vom 27ſten Jan. 1749. Gr. v. . . .) Wetzels analect. hymnic. 2ten Bandes 3 Stück, S. 322.

159. **Mencken,** (D. Lüder) Prof. Juris ordinar. in Leipzig, geb. 1658 den 14 Dec. zu Oldenburg, † 1726 den 29 Jun. alt 68 Jahr.

Num. 833. (f. Greizisches Gesangbuch, S. 419, alwo er aber unrichtig Ludwig Mencke genannt wird.) Ueberhaupt bedarf dis noch einer nähern Unterſuchung.

160. **Mentzer,** (Johann) Prediger in Chemnitz ums Jahr 1700.

Num. 784. 1222. (f. ſeinen Evangeliſchen Pſalter von zehen Saiten, 1726 in 8v. Gr. v. . . .) Wetzels Liederdicht. 4 Th. S. 322.

161. **Meyfart,** (D. Johann Matthäus) Profeſſor Theol. und Paſtor bey der Predigergemeine zu Erfurt, † 1642 den 26 Jan. alt 52 Jahr. S. M. Erdm. Uhſens Leben der Kirchenlehrer ꝛc. S. 801. Motſchmanns Erford. litter. 1 Saml. S. 58.

Num. 1435. (f. D. Gottfr. Ludwigs Ehre des Caſimiriani academici in Coburg, 2 Th. S. 267. Gr. v. . . .) Num. 1562 (auſſer d. 9, den M. Jer. Weber, Diaconus zu St. Nicolai in Leipzig, hinzugethan) (f. George Serpilii evangeliſche Pſalmen, Regensburg, 1705 in 8v. Gr. v. . . .) Olearii Liederſchatz, 4 Th. S. 95 f.

162. **Möckel oder Möckhel,** (Johann Friedrich) Pfarrer zu Steppach und Limpach unter der Superintendur Neuſtadt an der Anſch im Bayreuthiſchen, geb. 1661 den 16 Jan. zu Culmbach.

Num. 1484. (f. Wetzels Liederdicht. 4 Th. S. 353 f.) *)

163. **Molanus,** (Gerhard Wolter) Abt zu Lockum, † 1722 den 7 Sept. zu Hannover, alt 89 Jahr. S. D. Carl Anton Dollens Lebensbeſchreibung aller Profeſſorum Theologiä zu Rinteln, 2 Th. S. 297. 336.

Num.

---

*) Es iſt eine Parodie des Liedes: Nun ſich der Tag geendet hat ꝛc. Beyläufig iſt zu gedenken, daß ſich auch ein ander Lied ſo anfängt: Nun ſich die Nacht geendet hat ꝛc. aber ſo fortgeht: und dunkler Schatten weicht ꝛc. welches M. Johann Michael Schumann, Paſtor zu St. Moritz in Halle, und hernach Superintendent in Weiſſenfels, gemacht hat, ſ. deſſen Seelenlabende Sonntagsfreude, Halle, 1710 in 8. S. 126.

Num. 1404. (f. das Lemgoische Gesangbuch, 1717 in 8b. Gr.
v. ...) imgleichen das Rintelische. Wetzels *analect. hymnic.*
2ten Bandes 5 Stück, S. 711.

164. **Moller**, (Martin) Pastor primarius zu Görlitz, † 1606 den 2
März alt 59 Jahr. S. Christoph Gabriel Junckens Lebensbeschrei-
bung der Görlitzischen Geistlichen, S. 24.
Num. 138. 324. 952. 1559. (f. seine *Meditationes sanctorum pa-*
trum, Görlitz, 1596 in 8b. Gr. v. ...) Num. 1406. (f. sein *Ma-*
nuale de praeparatione ad mortem, Görlitz 1612 in 8b Gr. v ...)
Num. 138 schreiben andere Johann Arndt zu, weil daffelbe in feinem
Paradiesgärtlein stehet; das aber nicht sattfam beweifet. S. Wetzels
Liederdicht. 1 Th. S. 70.

165. **Mosel** oder **Musculus**, (Wolfgang) geb. 1497 den 8 Sept.
zu Dieuze in Lothringen, Diaconus in Straßburg rc. endlich Professor
Theol. zu Bern in der Schweitz, † 1563 den 30 Aug. alt 66 Jahr.
Num. 485. (f. seine 560 geistliche Lieder, Nürnberg, 1601 in 8b.
Gr. v. ...) Jedoch zweifeln einige, ob ietztgedachter Musculus, oder
nicht vielmehr ein anderer dieses Namens der Verfasser sey. Schamelii
Liedercomment. S. 108.

166. **Mühlmann**, (lic. Johann) Professor Theol. und Archidiaco-
nus zu St. Nicolai in Leipzig, † 1613 den 14 Nov. alt 41 Jahr. S.
D. PAVL. FREHERI *theatr. erud.*. S. 373. und D. REINHARD
BAKII *commentar. in Psalm.* part. II. S. 108.
Num. 1452. (f. Schamelii Liedercommentar, S. 109. und We-
tzels Liederdicht. 2 Th. S. 189.)

167. **Müller**, (D. Heinrich) Professor Theol. Pastor und Superin-
tendent zu Rostock, † 1675 den 17 Sept. alt 44 Jahr.
Num. 411. (f. Wittenbergisches Gesangbuch, 1742 in 8b)
Num. 798. (f Wetzels Liederdicht. 2 Th. S. 196.) Num. 902. 1108.
(f. seine himmlische Liebesflamme, Frankfurt, 1684 Gr. v. ...
Wetzels *analect. hymnic.* 2ten Bandes 6 Stück, S. 717.)

168. **Müller**, (Heinrich.) Dieses Namens giebt es drey: 1) Heinrich
Müller von Zütphen, ein Märtyrer und Zeuge der Wahrheit, der A.
1524 verbrannt worden, Schamelii Liedercommentar. S. 109. 2)
D. Heinr. Müller, Prof. Theol zu Wittenberg, der wegen des Cryp-
tocalvinismi in Sachsen rc. zu Torgau im Arrest gesessen, und zu Hamburg 1589 den 26 Nov. im 59sten Jahre gestorben, Wetzels Liederdicht. 2 Th. S. 190. 3) Heinr. Müller, Churfürstlich-Sächsischer
Bergmeister in Annaberg, eben daselbst, S. 191. it. *anal. ct. bymnic.*
2ten Bandes 6 Stück, S. 720. M. Joh. Jac. Gottschaldts Liederremarquen, 6tes Stück, S. 685. und Lilienthals des Singens ver-
nünftiget

nünftiger Gottesdienst, Num. 69. S. 64. Es ist aber höchst ungewiß, welchem von diesen dreyen nachstehendes Paßionslied zugehöre: Num. 192. S. M. Joh. Bernh. Lieblers Nachricht von Heinrich Müllern, Auctore des Liedes: Hilf, GOtt, daß mirs gelinge ꝛc. Naumburg, 1720 in 8v. In M. Joh. Jac. Gottschaldts Lieder-remarquen, in der 3ten Piece, S. 342 f. wird Heinrich Müller, ein Mönch in Mariä Servitencloster zu Erfurt, für den wahren Verfasser dieses Liedes angegeben.

169. **Müller,** (Michael) ein Candidatus Ministerii zu Blankenburg am Harze. Wetzels Liederdicht. 4 Th. S. 360.
Num. 109. 148. (s. seine Psalmen, Stuttgard, 1700 in länglich 12mo. Gr. v. . . . .) Num 295. 301. 608. 638 933. (nur die vier ersten Verse, die übrigen hat Nehring hinzugethan) 1016. 1178. 1217. 1219. 1239. 1253. 1297. 1307. 1318. 1324. 1329. 1330. 1337. 1344. 1347. 1351. (s. die von ihm übersetzte Psalmen Davids, Stuttgard, 1700 in 8v ✝)
Hieben schreibet Herr Grischow: „In meinem Exemplar stehen die zwey „ersten nicht, sollen aber in dem des Herrn Gr. v. . . . . in länglich 12mo „befindlich seyn. „

N.

170. **Nachtenhöfer,** (M. Caspar Friedrich) aus Halle, Prediger und Subsenior in Coburg, † 1685 den 23 Nov. alt 63 Jahr.
Num. 48. 67. (s. das Coburgische Gesangbuch, 1684 in 8v. und 1693 in länglich 12mo, worin seine Lieder mit seinem Namen bezeichnet sind. Gr. v. . . . .)

171. **Neander oder Neumann,** (Joachim) Prediger tu St. Martini in Bremen, † 1680 den 31 May S. Joh. Heinr. Reitzens Historie der Wiedergebornen, 4 Th. S 42
Num. 119. 364. 421. 448. 449. 469. 523. 544. 570. 604. 621. 679. 728. 736. 740. 832. 843. 889. 1203. 1231. 1242. 1312. 1420. 1487. 1505. (s seine Bundeslieder, Wesel, 1692 in 8v. und Frankfurt, 1712. ✝ In der Büdingischen Edition 1730 in 12mo stehen noch Num. 335. 913 1513. Gr. v. . . . .) *)
Zu Num. 1116, welches in dieser Büdingischen Edition ihm mit zugeschrieben ist, hat sich Herr D. Joh. Chr. Lange den 2ten Jun. 1752 selbst bekannt. Siehe oben n. 141.

172. Neh=

*) Diese seine Bundeslieder sind auch herausgekommen zu Bremen 1679, zu Frankfurt 1689 in 12mo, zu Thurnau, 1716 in länglich 12mo, und ohne Meldung des Orts, 1724 in 8v.

C

34   Aeltere und neuere

172. Nehring, (Joh. Christian) Pastor zu Morl bey Halle, † 1736. S. von Dreyhaupts Saalcreis, 2 Th. S. 924.

Num. 735. 753. 761. (nicht aber die Antwort, s. oben n. 115.) Num. 778. 933. (vom 5ten Vers an) Num. 993. (Sie stehen alle in seinem Manuscripto der geistlichen Gedichte. †)

173. Neumarck, (George) geheimer Archiv-Secretarius und Bibliothecarius zu Weimar, in der fruchtbringenden Gesellschaft (die er selbst unter dem Titel: Der neusprossende teutsche Palmbaum, 1668 in 8v. beschrieben hat) der Sprossende genannt, † 1681 den 8 Jul. alt 60 Jahr.

Num. 476. (s. Historische Nachricht von dem Pegnesischen Blumenorden, Nürnberg, 1744 in 8v. Gr. v. ...) Num. 1401 die Antwort auf das Grabelied. S. dessen geistliche Arien, Weimar 1675 in 12mo, und seinen poetischen Lustwald, Jena 1657 in 8v.

174. Neumeister, (Erdmann) Pastor zu St. Jacob in Hamburg, geboren 1671 den 12 May zu Uchteritz bey Weissenfels, † 1756 den 18 August, alt 85 Jahr. S. Gabr. Wilh. Göttens gelehrtes Europa, 1 Th. S. 845.

Num. 475. 543. 901. 1056. 1059. (s. seinen Zugang zum Gnadenstuhle, JEsu Christo, Weissenfels, 1705. 1707, und mehrmals aufgelegt in 12mo. †)

175. Neuß, (D. Heinrich George) Superintendent und Consistorialrath zu Wernigeroda, † 1716 den 30 Sept. alt 62 Jahr.

Num. 64. 116. 121. 139. 140. 141. 210. 402. 417. 670. 672. 685. 689. 691. 700. 709. 789. 805. 819. 820. 854. 932. 971. 974. 1044. 1055. 1087. 1150. 1151. 1159. 1180. 1206. 1233. 1240. 1266. 1287. 1300. 1308. 1408. 1538. (s. sein Hebopfer zum Bau der Hütte GOttes, Wernigeroda, 1703 in 12mo. †)

176. Nicolai, (D. Philipp) Senior und Pastor zu St. Catharinen in Hamburg, † 1608 den 26 October, alt 52 Jahr. S. D. 10. ALB. FABRICII memor. Hamburg. tom. II. S. 877.

Num. 33. 875. 1265. (s. seinen Freudenspiegel des ewigen Lebens, Frankfurt, 1599 und 1607 in 4t. Gr. v. ...)

O.

177. Olearius, (D. Johann) aus Halle, Oberhofprediger, Kirchenrath und Generalsuperintendent zu Halle und zuletzt zu Weissenfels, † 1684

† 1684 den 14 April, 73 Jahr alt. *) S. PIPPING. *memor.*
theolog. dec. I. S. 17. von Dreyhaupts Saalcreis, 2 Th. S. 683.
Num. 163. 353. 389. 400. 540. 701. (in den drey lezten Versen
sehr geändert) 703. 733. 1161. 1296. (s. seinen Evangelischen Ge-
denkring bey der geistlichen Gedenkkunst, Halle, 1677, dritte Auflage in 8v. imgleichen seine geistliche Singekunst, Leipzig, 1671 in
8v. und 1672 in 12mo. ∄)

178. **Olearius,** (M. Johann Gottfried) vormals Diaconus zu U. L.
Fr. in Halle, und Inspector des Saalcreises, hernach Pastor primarius, Superintendent und Consistorialrath zu Arnstadt, † 1711 den
21 May, alt 76 Jahr. S. D. Buddei Vorrede zu dieses Olearii
bibliotheca scriptor. ecclesiast. Ienae 1711 in 4t. von Dreyhaupts
Saalcreis, 2 Th. S. 687.
Num. 1133. (s. seine poetische Erstlinge, Halle, 1664 in 8v. ∄
welche zu Arnstadt unter dem Titel: Geistliche Singelust, 1697 in
länglich 18mo wieder aufgelegt sind.)

179. **Omeis,** (M. Magnus Daniel) von Nürnberg, Professor der
Moral, Oratorie und Poesie zu Altdorf, † 1708 den 23 November,
alt 63 Jahr. S. SIMON. IAC. APINI *vit. Professor. philos. Alt-
dorfin.* Nürnberg, 1727 in 4t. S. 860 f.
Num. 1139. (s. Heinr. Müllers geistliche Erquickstunden unter
dem Namen Damon, und die histor. Nachrichten von der Pegnesischen
Blumengesellschaft, Nürnberg, 1744 in 8. Gr. v. . . . .) Doch ist es
sehr verändert. Man sehe geistliche Gedichte und Liederblumen von
M. D. O. Nürnberg, 1706 S. 58 f.

180. **Opiß,** (Martin von Boberfeld) Historiographus und Secre-
tarius zu Danzig, † 1639 den 6 Sept. an der Pest, alt 41 Jahr. S.
D. Casp. Gottlieb Lindners Nachricht von Mart. Opiß Leben, Tode
und Schriften, Hirschberg, 2 Theile, 1740 und 41 in 8v. it. Hallische
Anzeigen 1746 Num. XII. S. 185 f.
Num. 618. 1490. (s. seine Psalmen, Leipzig, 1634 in 12mo.
Gr. v. . . . . und seine geistliche *Poemata,* Amsterdam, 1645 in 12.
S. 145 und 170.)

---

*) Desselben vierter Sohn, D. Johann
Christian Olearius, Consistorialrath und Pastor primarius zu U. L.
Fr. in Halle, † 1699 den 9 Dec.
alt 54 Jahr, hat die zwey Lieder in
dem Hallischen Stadtgesangbuche Num. 556: GOtt, du weisser,
wie ich sinne 2c. und Num. 935:
GOtt, der du bleibest, wie du
bist 2c. verfertiget.

P.

181. **Pappus,** (D. Johann) von Lindau am Bodensee, Professor
der hebräischen Sprache und hernach der Theologie zu Straßburg,
und Pastor im Münster daselbst, † 1610 den 13 Jul. alt 61 Jahr.
S. MELCH. ADAMI *vitas theolog. Germanor.* S. 382 in Fol. und
REINH. HEINR. ROLLII *bibliothec. nobil. theolog.* S. 187.
Num. 1380. (f. Coburgisches Gesangbuch, 1621 in 4t. S.
203.)

182. **Pauli,** (Hermann Reinhold) Hofprediger zu Halle und Inspector der Evangelischreformirten Kirchen und Schulen im Saalcreise, †
1750 den 5 Febr. alt 68 Jahr. S. dessen Funeralien in Fol. imgleichen von Dreyhaupts Saalcreis, 2 Th. S. 688.
Num. 1204. (nach seinem eigenen Geständniß auf geschehene Anfrage; soll aber durch J. A. Freylinghausen hin und wieder verändert
seyn.)

183. **Petersen,** (D. Johann Wilhelm) ehemaliger Superintendent
in Lüneburg, † 1727 den 31 Januar. alt 80 Jahr. S. seine eigene
Lebensbeschreibung, 1717 in 8v.
Num. 42. 144. 252. 298. 428. 926. 1271. 1286. (f. seine
Stimmen aus Zion, Halle 1698 und 1701 in länglich 12mo.) Num.
123. 286. 368. 369. 611. 868. 879. 989. 1175. 1321. 1328.
1341. (laut seines Manuscripts *de citbara sacra*) Num. 741. 1336.
(f. Andr. Luppii andächtig singenden Christenmund, Wesel, 1692
in 8v. Gr. v. . . .)

184. **Petrus Dresdensis,** ein Hußitischer Lehrer vor Lutheri Zeiten,
† 1440. S. M. Jac. Thomasii disp. *de Petro Dresdensi,* Leipzig,
1670 in 4t. Dan. Seiffarts *delic. melic.* S. 227 f. und mehrere
im allgemeinen histor. Lexico, 3 Th. S. 320 angeführte Schrift-
steller.
Num. 46. *) 66. 83. (Gr. v . . . .)

185. Pfef-

---

*) Ist das verteutschte von dem lateini-
schen: Quem pastores laudauere.
Das Zwischenlied aber: Heur sind
die lieben Engelein, welches eine
Uebersetzung des lateinischen: Nunc
angelorum gloria, ist, hat Nicolaus Hermann verfertiget, f. dessen
Sonntagsevangelia, Bog. D. An
einigen Orten ist es gebräuchlich, daß
in der Christmetten vier Knaben von
verschiedenen Stimmen vor dem
Altar das lateinische oder das teutsche Lied singen; dazwischen die Gemeine den Hermannischen Gesang
oder auch jedesmal zwey Verse aus
dem Liede: Lobt GOtt, ihr Christen, all zugleich rc. anstimmet.
Man sehe Schamelii Liedercommentar. S. 90 und das Eislebische Gesangbuch, 1752 in 8v. S. 13.

185. **Pfefferkorn,** (M. George Michael) Superintendent und Assessor Consistorii zu Tonna bey Gotha, † 1732 den 3 März, alt 86 Jahr. Num. 826. (f. M. Joh. Avenarii Liedercatechismus, S. 56 und Gabr. Wimmers Liedererklärung, 2 Th. S. 161.) Num. 1419 ist hier weggeblieben. Siehe oben n. 1. und M. Gottschalds Liederremarquen, 6 Stück, S. 862.

*)

186. **Platz,** (D. Johann George) weiland Cantzler in Budißin, † . . . Num. 1019. (f. das Budißinische Gesangbuch, 1730 in 8v. Gr. v. . . .) Wetzels Liederdicht. 4 Th. S. 399.

187. **Poliander,** sonst **Gramann** oder **Graumann,** (D. Johann) erster Lutherischer Prediger zu Königsberg in Preussen in der Altstadt, † 1541 den 29 April am Schlage. Num. 1211. (f. das Königsbergische Gesangbuch, in 8v. Gr. v. . . . und Petr. Buschens Betrachtung des Te Deum laudamus, im Anhange, S. 120.)

188. **Prätorius,** (M. Benjamin) Pastor substitutus zu Groß-Lißa bey Dölitsch, † . . . Num. 288. 1065. welches letztere durch M. Johann Caspar Schade verbessert ist. (f. seinen Jauchzenden Libanon, Leipzig, 1659 und 1668 in 8v. ‡)

189. **Prätorius, Scultetus** oder **Schulze,** (Christoph) Advocat zu Stendal. Num. 1451. (f. Joh. Casp. Wetzels analect. hymnic. 2ten Bandes 5 Stück, S. 611.)

190. **Prätorius,** (M. Michael) Capellmeister zu Braunschweig, nachhero zu Dresden, † 1621 den 15 Febr. alt 50 Jahr. Num. 8. (f. sein Syntagma musicum, 1 Th. Wittenberg, 1614, 2 und 3 Th. Wolfenbüttel, 1619 in 4t.) Num. 442. 1478. (V. 8 und 9 sollen von einem andern herrühren.) (f. seine geistliche Lieder, Wolfenbüttel, 1609 in 4t. Gr. v. . . .)

191. **Prätorius,** (M. Stephan) Pastor zu Saltzwedel, gegen das Ende des 16ten Jahrhunderts. S. dessen Lebensgeschichte in Theologia pastorali practica, 41 Stück, S. 16 und 42 Stück, S. 152. Num. 1277 (f. in seinen acht und funfzig Tractätlein, mit Johann Arndts Vorrede, Lüneburg, 1662 das 38ste, S. 822. ‡)

C 3 192. Pret-

*) Pfeiffer, ein Studiosus. Diesem wird in dem Greizischen Gesangbuch S. 444 ohne weitere Meldung, wer und wo er gewesen, Num. 861: Liebster JEsu, du wirst kommen ꝛc. zugeschrieben.

192. Pretten, (D. Johann) Superintendent zu Schleusingen, und hernach Pastor primarius am Dom zu Naumburg, † 1708 den 15 März, alt 73 Jahr. S. Joh. Mich. Weinrichs Hennebergischen Kirchen und Schulenstaat, S. 419. S. 419. und Schamelii Pflicht gegen die Todten oder Leichensermonen, S. 49.

> Num. 1413. (f. M. GODOFR. LVDOVICI de hymnopoeis Hennebergic. S. 24. Gr. v.....)

R.

193. Räthel, (Wolfgang Christoph) Superintendent und Kirchenrath zu Bayreuth, †

> Num 584. (f. sein Bayreuthisches Gesangbuch, Nürnberg 1706 in 8v. Gr v.... Wetzels Liederdicht. 4 Th. 401.)

194. Rambach, (D. Johann Jacob) aus Halle, geb. 1693 den 24 Febr. Professor Theolog. zu Halle, und hernach Professor Theol. primarius, erster Superintendent und Assessor des Consistorii zu Giessen, † 1735 den 19 April im 43sten Jahre. S. dessen Leben und Schriften in seiner von D. Ernst Friedr. Neubauer herausgegebenen Dogmatischen Theologie, im 2ten Theil, Frankfurt und Leipzig, 1744 in 4t. und in den Betrachtungen über die Apostelgeschichte, im 2ten Theil, ebendas. 747. in 4t. in des Geh. Raths von Dreyhaupts Saalcreis, 2 Th. S. 692 und bey mehrern andern.

> Num 522. 538. 1258. (f. sein Hausgesangbuch, Frankfurt und Leipzig, 1735 in 8v. *)

195. Reichenwald, (Johann) ein unbekannter Schlesier.

> Num. 1479. (f. Wetzels Liederdicht. 2 Th. S. 326, der sich auf Crügers praxin pietatis melicam 1661 und Quirsfelds geistl. Harssenklang 1679 berufet.)

196. Reußner, nicht Reißner, (Adam) ein Discipel des Johann Reuchlini, der zu Frankfurt am Mayn gelebet, und im hohen Alter von 91 Jahren 1563 gestorben seyn soll.

> Num.

---

*) Es könte einen leicht befremden, wie D. Rambachs Lieder, da er A. 1693 geboren, in das Freylinghausensche Gesangbuch, dessen erster Theil schon A. 1704 herausgegeben worden, kommen können. Es ist aber zu wissen, daß vorher andere Lieder darin gestanden, die der Herr P. Freylinghausen durch Rambachen ganz ändern lassen, doch in eben der Melodey und Verslänge. Diese drey geänderten Lieder heissen: 1) Auf, Seele, sey gerüst't ꝛc. 2) Mein JEsu, hier sind deine Brüder ꝛc. 3) Salb uns mit deiner Liebe, o Weisheit ꝛc. An deren statt fangen sich die Rambachischen also an: 1) Auf, Seele, schicke dich ꝛc. 2) Mein JEsu, der du vor dein Scheiden ꝛc. 3) Salb uns mit deiner Liebe, Freund ꝛc.

Num. 766. (s. seine Beschreibung der Stadt Jerusalem, in drey Theilen, Frankfurt, 1574 in Fol. Gr. v. ...) S. Olearii Lieder-schatz, 4 Th. S. 30. Schamelii Liedercommentar. S. 116. Wim-mers Liedererklärung, 2 Th. S. 574.

197. Richter, (D. Christian Friedrich) Medicinä Practicus beym Waisenhause zu Halle, † 1711 den 5ten Octobr. alt 35 Jahr. S. dessen Funeralien, bestehend aus Joh. Anast. Freylinghausens Leichenpredigt von dem Leben der Gläubigen aus Col. 3, 3. 4. nebst dem Lebenslauf, academischem Programma und Epicediis, Halle 1713. in 4t. Wetzels Lieberdicht. 2 Th. S 330 f.
Num. 80. 85. 555. 647. 750. 757. 760. 857. 862. 896. 939. 949. 981. 1015. 1099. 1100. 1110. 1112. 1252. 1274. 1281. 1371. 1475. 1531. (s. seine erbauliche Betrachtungen vom Ursprung und Adel der Seelen, im Anhange, darin 33 Gedichte und Lieder von ihm zu finden, Halle, 1718 in 8v. S. 350 f. ‡ welche wieder auf-gelegt worden zu Gratz, 1731. 1739 und in der Realschule zu Witten-berg 1760 in groß 8v. mit Herrn D. Joh. George Knappens Vorrede.)

198. Riedner, (M. Johann Ulrich) Prediger zu Nürnberg, alwo er 1641 den 22 Jan. geboren und 1718 den 11 Jan. gestorben, alt 76 Jahr.
Num. 1486. (s. Joh. Sauberti Nürnbergisches Gesangbuch, 1677 in 8v. Gr. v. ... Wetzels Lieberdicht. 2 Th. S. 339. desgleichen L. C. R. (Rühls) Nachricht von den Lieberdichtern, S. 36.)

199. Rinckart oder Rinckhard, (M. Martin) aus Eilenburg, erst Cantor in Eisleben zu St. Nicolai, ferner Diaconus zu St. Annen, hierauf Pastor zu Erdeborn, und zuletzt Archidiaconus zu Eilenburg, † 1649 den 8 Dec. alt 64 Jahr. S. Joh. Alb. Bierings *Clerum Mansfeldic.* S. 102 und 173. M. Jer. Simonis Eilenburg. Chronik 1696 S. 114. 123. 409. und D. Christ. Gottl. Jöchers Ge-lehrten-Lexicon, Leipzig, 1733 in 8v. Gr. v. ...
Num. 1215. (s. M. E. N. (Neumeisteri) diss. *de poetis germani-cis,* S. 88. Olearii Lieberschatz, 1 Th. S. 47.)

200 Ringwaldt, *) (Bartholomäus) Pfarrer in Langfeld in der Mark, unter dem Amte Sonneburg, ums Jahr 1558. S. Joh. Jac. Wippels, Prorectors in Berlin, Leben des Märkischen Predigers und Lieberdichters, Barthol. Ringwalds, Berlin, 1751 in 4t.

C 4   Num.

---

*) So schreibet er sich selbst in seinen Büchern, da er sonst von andern bald Ringwald und bald Ringwalt geschrieben wird.

Num. 26 589. 977. 1045. 1374 1543. 1560. (f. sein Hand=
büchlein geistlicher Lieder, Nürnberg, 1598 in 12mo) Num. 617.
(f. seinen Zustand des Himmels und der Höllen 2c. Hamburg, 1591 in
12mo und 1597 in 8v.) Num. 682 (nach Uebereinstimmung aller
Lieder Recensorum. Gr. v. ...)

201. Rist, (Johann) Prediger zu Wedel an der Elbe, in der frucht=
bringenden Gesellschaft der Rüstige, † 1667 den 31 Aug. alt 60 Jahr.
   a) Num. 32. 546 595. 1409. 1574. (f seiner geistlichen poeti=
schen Schriften 2ten Theil, oder neue sonderbare himmlische Lieder,
Lüneburg 1658 in 16mo und 1651 in 8v.)
   b) Num. 168. 339. (f. seine neue musicalische Catechismusan=
dachten, Lüneburg, 1656 in 8v. †)
   c) Num. 53. 106. 122. 238. 264. 293. 623 818. 941. 1173.
1229. 1440. 1471. 1530. 1542. (f. seine himmlische Lieder, Lüne=
burg, 1652 in 8v. †)
   d) Num. 202. (f. seine neue hochheilige Paßionsandachten, Ham=
burg, 1664 in 8v. †)
   e) Num. 519. 526. 528. 542. 1394. 1575. (f. seine Hausmu=
sic, Lüneburg, 1654 in 8v. †)
   f) Num. 279. 299. 326. 387. 396. 401. (f. seine neue musica=
lische Festandachten, Lüneburg, 1655 †)
   g) Num. 592. (f. sein musicalisches Seelenparadis, 2 Th. Lüne=
burg, 1662 in 8v. †)

202. Ritter, (Jacob) Fürstlich=S. Magdeburgischer Secretarius zu
Halle, geb. 1627 den 29 May, † 1669 den 14 Aug. alt 42 Jahr,
dessen Lebenslauf unter der Aufschrift: Ritterlicher Sieg 2c. zu Halle
1669 in 4t. gedruckt ist. S. von Dreyhaupts Saalcreis, 2 Th. hin=
ten im Anhange, S. 132.
   Num. 551. (f. seine Uebersetzung von D. Daniel Senners Christl.
Lebens= und seligen Sterbekunst, oder Vorbereit= und Uebung eines
christlichen Lebens und seligen Sterbens, Leipzig, 1666 in 12mo,
S. 187. †)

203. Rodigast, (M. Samuel) Rector zu Berlin, † 1708 im März,
alt 52 Jahr.
     Num. 998. (f. Noua litteraria Germaniae A. 1708 S. 347. Gr.
v. ... M. Joh. Avenarii Liederpredigten, S. 447.)

204. Rosler, *) (Johann Burckhard) geheimer Rath und Canzler zu
Coburg, † 1708 den 26 May, alt 66 Jahr. S. Nachricht von dem=
                                         selben

*) Nicht Rößler oder Röseler.

felben und feinem älteften Sohne; Hermann Burckhard Rosler, Jena, 1714 in 8. desgleichen D. Gottfr. Ludwigs Ehre des Cafimiriani academici in Coburg, 2 Th. S. 205 f. Num. 1648. (f. feine *Camoenas fpirituales* oder geiftliche Andachten, Thurnau 1711 in länglich 12mo. Gr. v. .... Wetzels Lieberdicht. 2 Th. S. 403.)

205. **Ruben,** (Johann Chriftoph) weiland Amtmann zu Burggemünde im Heffendarmftädtifchen.
    Num. 313. 960. 1027. 1171. 1273. 1500. 1580. (nach dem dem Herrn Gr. v. .... communicirten Originalregifter feiner Lieder.)

206. **Ruopp,** (M. Johann Friedrich) vormals Prediger zu Gottesweiler bey Straßburg im Elfaß, *) und zuletzt Adjunctus der Theologifchen Facultät zu Halle und Infpector der Königlichen Freytifche, † 1708 den 26 May. S. A. H. Francken Fußftapfen, 6te Fortfetzung, S. 114.
    Num. 36. 557. 673. 686. 764. 773. 1024. (nach dem Zeugniß Herrn Paft. Freylinghaufens. Gr. v. ....)

207. **Rutilius,** (M. Martinus) von Düben in Meiffen, zuletzt Archidiaconus zu Weimar, † 1618 den 18 Januar, alt 68 Jahr.
    Num. 599. (f. M. Cafpar Binders hiftorifchen Erweis von dem wahren Auctore diefes Liedes, Jena, 1726 in 8v. Gr. v. .... Wetzels Lieberdicht. 4 Th. S. 426 f.)

S.

208. **Sacer,** (D. Gottfried Wilhelm) Cammerconfulent und Advocat in Wolfenbüttel, † 1699 den 8 Sept. alt 64 Jahr.
    Num. 17. 71. (welches fich anfängt: Mein Seelichen, fchwing dich empor) 207. 305. 379. 582. 628. 630. 664. 1186. 1243. 1311. 1391. (f. feine geiftliche liebliche Lieder, herausgegeben von deffen Schwiegerfohn, Georgio Nitfchio, Generalfuperintendenten zu Gotha, Gotha, 1714 in länglich 12mo. ┼ Auffer Num. 1311; welches nicht mit darin ftehet, und etwa in feinem bluttriefenden, fiegenden und triumphirenden JEfu zu finden ift.)

209. **Sachfe,** (Hanns) geboren 1494 zu Nürnberg, ein Schufter und Meifterfänger in Nürnberg, † 1567 den 15 Sept. oder Octobr. alt 73 Jahr. S. M. Salomon Ranifch Lebensbefchreibung Hanns Sachfens, Altenburg 1765 in 8v. und M. George Litzels Beweis, daß
    C 5   Hanns

---

*) Er fchreibt fich auch in einem Stammbuche: Diacon. Lampertheimenf.

Hanns Sachs kein Schulmeister gewesen, in Biedermanns *nov. act.*
scholast. im 2ten Band, 8ten Stück, S. 615 f.
    Num. 473. (s. Joh. Mich. Dilherrns irdischer Menschen himm-
lische Engelfreude, Nürnberg, 1683 in 12mo. Gr. v. . . . . Wezels
Liederdicht. 3 Th. S. 8. und Olearii Lieberschatz, 4 Th. S. 10.)

210. **Sannom,** (J. F.) ein achtjähriger Knabe zu Offenbach.
    Num. 683. 692. 693. 903. (nach der daselbst von ihm gedruck-
    ten Collection seiner Lieder in 8v. Gr. v. . . .)

211. **Saubertus** der ältere, (Johann) zuletzt Prediger zu St. Sebald
in Nürnberg, † 1646 den 2 Nov. alt 54 Jahr. S. M. HENNING
WITTEN *memor. theologor.* dec. V. S. 629 und D. PAVLI FRE-
HERI *theatr. eruditor.* S. 528.
    Num. 1386. (s. sein Gesangbuch in 8v. Gr. v. . . .)

212. **Schade,** (M. Johann Caspar) Diaconus zu St. Nicolai in
Berlin, † 1698 den 25 Jul. alt 32 Jahr. S. Gottfr. Arnolds Leben der Gläubigen, im Anhange, S. 111 f. und Joh. Heinr. Reizens
Historie der Wiedergebornen, S. 238 f. Sein Lebenslauf stehet auch
voran im 1 Bande seiner geistreichen und erbaulichen Schriften, das
von fünf Bände zu Frankfurt und Leipzig 1720 in 8v. herausgekommen sind.
    Num. 206. 227. 228. 229. 266. 270. 318. 358. 556. 658.
909. 917. (vom 5ten Vers an) 1011. 1023. 1084. 1102. 1137.
1141. 1302. 1357. 1368. (s. *Fascicul. Cantionum,* d. i. zusammen-
getragene geistliche Lieder, Cüstrin, in 12mo. +)

213. **Schalling,** (Martin) von Straßburg, erst Prediger zu Regenspurg, sodann Pastor zu Bilßeck in der Oberpfalz, hernach Diaconus
und darauf Superintendent zu Amberg, endlich Prediger zu U. L. Fr.
in Nürnberg, † 1608 den 29 Decembr. alt 76 Jahr. S. seine *institu-
tiones de praesentia corporis et sanguinis Christi,* Wittenberg, 1576
in 8v. und D. Gust. Georg Zeltners *vit. theolog. Altorphin.* S. 49.
    Num. 904. (s. Olearii Lieberschatz, 3 Th. S. 1. Wimmers Lie-
dererklärung, 4 Th. S. 539.)

214. **Schein,** (Johann Hermann) von Grünhain in Meissen, erst
Capellmeister zu Weimar, und hernach Director Musices in Leipzig,
† 1631.
    Num. 100. 600. 1392. (s. sein Gesangbuch, Leipzig, 1627 und
1645 in 8v. Gr. v. . . .)

215. **Schenck,** (M. Hartmann) aus der Ruhl bey Eisenach, erst
Pfarrer zu Bibra, dann Diaconus zu Ostheim und Pastor zu Völckers-
                                             hausen,

hauſen, † 1681 den 2 May, alt 47 Jahr. S. GODOFR. LVDOVICI *de hymnopoeis Hennebergic.* S 27.

Num. 506. (ſ. ſeine güldene Betkunſt in 8b.) Num. 729. (ſ. das Liederregiſter des Thorniſchen Geſangbuchs vom Jahr 1728. Gr. v. ...) *)

216. **Schindler,** (M. Johann) aus Chemnitz, Paſtor zu St. Andreä und des Miniſterii Senior zu Braunſchweig, † 1681 den 8 Novem-ber, alt 68 Jahr. S. Phil. Jul. Rehtmeyers Kirchenhiſtorie der Stadt Braunſchweig, 4 Th. S 552.

Num. 972. (die 11 erſten Verſe, den 12ten bis 14ten Vers aber hat M. Jeremias Weber hinzugeſetzt.) (ſ. das Braunſchweigiſche Geſangbuch vom Jahr 1661 in 8v. Gr. v. ...)

217. **Schirmer,** (M. Michael) von Leipzig, anfangs Rector zu Frey-berg, hernach Pfarrer zu Striegnitz an der Mulba, und endlich 1643 Conrector zu Berlin, † 1673 den 4 May, alt 67 Jahr.

Num. 15. 140. 250. 336. (ſ. ſeine bibliſche Lieder, Berlin, 1650 in 8v. Gr. v. ...)

218. **Schlicht,** (Levin Johann) geb. 1681 den 16 Octobr. zu Calba, einem Städtgen in der alten Mark, ward 1700 Informator auf dem Pädagogio regio zu Halle, nachmals 1708 Rector der Saldriſchen Schule zu Altbrandenburg, und zuletzt Prediger auf der Königsſtadt zu Berlin, † 1723 den 7 Jan. am Schlage, alt 41 Jahr. S. FREY-ERI Programmat. S. 17. 696.

Num. 585. 1498. (ſ. Joh. Caſp. Carſtedts progr. *de vita Schlichtii*, Brandenburg, 1724 in 4t. Gr. v. ... Wetzels Lieder-dicht. 4 Th. S. 439.)

219. **Schmidt,** (Johann Euſebius) Prediger zu Siebleben bey Go-tha, unter der Adjunctur Goldbach, ſeit 1697. † 1745. S. Hans Baſil. von Gleichenſtein Beſchreibung der Abtey und Cloſter Burges-lin, Jena, 1729 in 8v. S. 181.

Num. 18. 19. 22. 61. 72. 73. 74. 75. 77. 115. 118. 130. 147. 149. 164. 169. 183. 186. 194. 256. 263. 281. 307. 327. 354. 385. 390. 398. 547. 663. 772. 943. 951. 1043. 1101. 1184. 1275. 1276. 1278. 1285. 1462. 1512. (Zu dieſen 42 Liedern hat er ſich den 23 Nov. 1745 kurz vor ſeinem Ende im 76ſten Jahre ſeines Alters in

---

*) Ob wol Num. 729 auch in Wetzels Liederdicht. 3 Th. S. 52 obigem M. Schenck zugeſchrieben wird; ſo findet ſich doch ſolches in Joh. Fran-ckens Vaterunſers-Harfe Num. 272. S. 100. welcher daher wol als der eigentliche Verfaſſer davon anzuſe-hen iſt.

in einem eigenhändigen Schreiben an den Hrn. Insp. Grischow ver-
standen. +) Wetzels Liederdicht. 3 Th. S. 83.

220. Schmolcke, (Benjamin) geboren 1672 zu Brauchitschdorf im
Fürstenthum Liegnitz, erst 1702 Diaconus, dann 1707 Archidiaconus
und seit 1714 Pastor primarius und Inspector der Evangelischen Kir-
chen und Schulen vor Schweidnitz, † 1737 den 12 Februar. S. dessen
Leben in der Vorrede vor seinen Schriften, welche in zwey Theilen zu
Tübingen, 1740 und 1744 in 8v. herausgekommen sind, und in Gabr.
Wilh. Göttens gelehrtem Europa, 2 Th. S. 289.
  Num. 916. (s. seine heilige Flammen, Striegau, 1717 in länglich
12mo. it. seine gesamte Schriften, 1 Th. S. 85. Gr. v. ....) *)

221. Schmucker, (Caspar) Redwicensis, ums Jahr 1578.
  Num. 968. (s. M. Joh. Jac. Gottschalots Liederremarquen, 3te
Piece, S. 322 f. Andere halten Ludwig Helmbold für den Ver-
fasser.)

222. Schneegaß, (M. Cyriacus) Pastor und Abjunctus in der da-
mals Weimarischen ietzt Gothaischen Superintendur zu Friedrichsro-
de, † 1597 den 23 Octobr.
  Num. 101. 1549. (s. seine *Isagogen muſices*, Erfurt, 1590 in 8v.
Gr. v. ....)

222 *. Schneesing, (Johann) Siehe oben Chiomuſus n. 42.

223. Schröder, (Johann Heinrich) aus Hallerspringe im Fürstenthum Calenberg, Pastor zu Meseberg bey Wolmirstädt im Magdebur-
gischen, 1696. † ...
  Num. 597. 765. 804. 1124. 1334. (nach des sel. Herrn Past.
Freylinghausens Anzeige.)

223 *. Schröderin, (Tranquilla Sophia) dessen Ehegattin, geborne Wolfin, s. unten Wolfin.

224. Schütz, (Licentiat) ein Jurist zu Frankfurt am Mayn.
  Num. 1226. nach des sel. Sen. Walthers Zeugniß. Gr. v. ... **)

                                                      224 *.

*) In dem Grischowischen Liederver-
zeichniß wird ihm auch Num. 1353:
Ach wenn werd ich aufgelöset ec.
zugeschrieben; allein das Schmol-
ckische ist ein ganz anderes Lied, auch
von e ner andern Melodenart, wie
aus dessen Schriften, im 1 Th. S.
237 zu ersehen.

**) So stehet in dem Grischowischen
Liederverzeichniß n. 222. In Hrn.
D. Haubers handschriftlichem Liederverzeichniß stund: L. J. Chr.
Schütz. In Wetzels *analect. bymnic.*
5tem Stück, S. 118 f. wird der Verfasser dieses Liedes nicht genannt,
aber vorgegeben, es habe solches ein
                                   Socinia-

224 *. von Schütz, (Phil. Balthaf. Sinold) Siehe oben Creutz=
berg, n. 50.

225. von Schuler, (Rudolph Friedrich) Hessendarmstädtischer Re=
gierungsrath zu Darmstadt, † 17 . . .
Num. 285. 500. 996. (nach des sel. Hrn. Past. Freylinghau=
sens Anzeige.)

226. von Schuler, (Juliana Patientia) jenes Fräulein Tochter,
geboren zu Heynix bey Meissen 1680 den 24 Jul. gestorben zu Halle
1701 den 14 Jun. alt 21 Jahr.
Num. 648. (s. A. H. Franckens Gedächtnißpredigt auf dieselbe,
Halle, 1701 in 4t. S. 83, welche auch in dessen Gedächtniß= und
Leichenpredigten, Halle, 1723 in 4t. S. 248 zu finden ist. ╪) We=
tzels Lieberdicht. 3 Th. S. 127.

227. Scriver, (M. Christian) geboren 1629 den 2 Jan. zu Rendß=
burg, ward 1653 Diaconus zu Stendal, 1667 Pastor an der St. Ja=
cobskirche in Magdeburg, und 1690 Oberhofprediger zu Queblinburg,
† 1693 den 5 April, alt 65 Jahr. S. D. F. E. Kettners Historie des
Stifts Queblinburg, S. 219. M. Friedr. Gottlieb Kettners Clerum
Magdeburg. S. 373. und Christian Otto Weinschencks erbauliches
Leben M. Christian Scrivers, Magdeburg und Leipzig, 1729 in 4t.
Num. 414. 1449. 1502. (s. seines Seelenschatzes Kraft und
Saft, Magdeburg, 1745 in 4t, im Lebenslauf, S. 66. ╪)

228. See=

Socinianer gemacht: welches aber
Wetzel für unglaublich hält, und des
sel. D. Joach. Langens (der gewiß
kein Vertheidiger der Socinianer ge=
wesen) historisches Licht und Recht
über 1 Kön. 18, 39 S. 146 anführet.
Inzwischen wird eines L. Schütz, der
zu Frankfurt am Mayn gelebet und
im Jahr 1694 oder 1695 gestorben, in
des sel. D. Speners letzten theolo=
gischen Bedenken, im 3ten Theil, S.
72. 718. 742 gedacht.
Bekannt ist sonst Johann Jacob
Schütz, V. I. L. u. Aduoc. ordin. zu
Frankfurt, welcher mit dem berühm=
ten Juristen, Ferdinand Christoph
Harppprecht, zu Tübingen Geschwi=
sterkind gewesen, und schon A. 1677

das bekannte Compendium Iuris D.
W. A. LAVTERBACHII herausge=
geben hat. Dieser L. Schütz hat
unter andern geschrieben Christli=
che Lebensregeln, andere Auflage,
Frankfurt am Mayn, 1703 in läng=
lich 12mo, welches Büchlein ihn von
allem Verdacht der Socinianischen
Irrthümer freyspricht; wie er denn
in Joh. Phil. Schmidii Tractat
Juristen, gute Christen, Rostock,
1730 in 4t. §. 147. S. 166 von L.
Joh. Christoph Würtenbergern,
Aduoc. ordinar. zu Frankfurt, (der
A. 1709 das Gebet des Prinzen Eu=
genii zu Frankfurt in 8v. herausge=
geben,) seines christlichen Wandels
wegen sehr gerühmet wird.

228. **Seebach,** (Chriſtoph) weiland Prediger zu Berleburg, der 1730 noch gelebet hat.
　　　Num. 1325. 1346.

229. **Selneccer,** (D. Nicolaus) aus Herſpruck bey Nürnberg, war nach verſchiedenen Aemtern Profeſſor Theologiä und Superintendent zu Leipzig, † 1592 den 24 May, alt 62 Jahr. S. MELCH. ADAMI *vit. theolog.* S. 315. M. IOH. CASP. ZEUMERI *vit. Profeſſ. theol.* Ienenſ. S. 63 und D. GEORG. HENR. GOEZII diſſert. de D. *Nic. Selneccero,* Lübeck, 1723 in 4t.
　　　Num. 481. 1365. 1405. 1537. (ſ. ſein Geſangbuch oder Chriſt=liche Pſalmen ꝛc. Leipzig, 1587 in 4t. Gr. v. . . . .) *)

230. **Semler,** (Gebhard Levin) wurde 1698 Paſtor in Cabelitz, und hernach Inſpector und Paſtor zu Groß=Mangelsdorf im Jerichauiſchen Creiſe des Herzogthums Magdeburg, † 1737.
　　　Num. 867. (nach dem Zeugniß des ſel. Herrn Paſt. Freyling=hauſens.)

231. **Sieber,** (M. Juſtus) von Eimbeck im Fürſtenthum Gruben=hagen, Käiſerlicher gecrönter Poet, auch Pfarrer zu Schandau an der Elbe, an den Böhmiſchen Grenzen, † 1695 den 23 Januar. alt 67 Jahr. S. M. HEINR. PIPPING. *memor. theolog.* dec. IX. S. 1351.
　　　Num. 533. 1163. welches letztere durch einen Anonymum ſehr vermehret iſt, (ſ. deſſen allerhand Gedichte, Dresden, 1658 in 8v. ⸸) Num. 1544. (ſ. ſeine geiſtliche Oden, Pirna, 1685 in 8v. Gr. v. . . . .)

232. **Sonntag,** (D. Chriſtoph) von Weida im Voigtlande, erſt Pfar=rer zu Oppurg, darnach Paſtor und Superintendent zu Schleuſingen, endlich Antiſtes und Prof. Theol. primarius zu Altdorf, wie auch Pro=feſſor der griechiſchen Sprache, † 1717 den 6 Jul. alt 63 Jahr. S. Joh. Mich. Weinrichs Henneberg. Kirchen= und Schulenſtaat, S. 420. D. ZELTNERI *vit. theolog. Altorphin.* S. 448.
　　　Num. 84. (ſ. M. Godofr. Ludovici Henneberg. Liederhiſtorie, S. 34. Chriſtian Friedr. Conows himmelflammendes Jeſuslob, Wittenberg, 1704 in 8v.)

233. Span=

---

*) Selneccer wird durchgehends auch für den Verfaſſer von Num. 1540 ge=halten. S. Wimmers Liedererklä=rung, 3 Th. S. 579. Num. 1365 wird ſonſt Bartholomäo Frölich, Pfarrer zu Perleberg in der Mark, † 1587 zugeſchrieben. Und von Num. 1537 legen einige den 4ten Vers Bar=tholomäo Ringwalbt, andere aber Vincentio Schmuck bey.

233. **Spangenberg,** (Johann) geb. 1484 zu Harbessen im Braunschweigischen, nach einigen Aemtern 1546 erster Evangelischer Superintendent zu Eisleben, † 1550 den 13 Jun. alt 66 Jahr. S. Joh. George Leuckfelds Histor. Spangenberg. 1712 in 4t. Joh. Alb. Bierings Cler. Mansfeld. S. 1.

Num. 378. (s. sein Gesangbuch, Nordhausen, 1545 in Fol. Gr. v....) *)

234. **Spener,** (D. Philipp Jacob) geboren zu Rappoltsweiler im Ober-Elsaß 1635, anfangs 1662 Freyprediger zu Straßburg, 1666 Pastor und Senior zu Frankfurt am Mayn, 1686 Oberhofprediger zu Dresden, und 1691 Consistorialrath und Probst zu St. Nicolai in Berlin, † 1705 den 5 Febr. alt 70 Jahr. S. M. Christian Gerbers Histor. der Wiedergebornen, 2 Th. S. 275. D. Joh. Andr. Gleichs annal. ecclesiast. 2 Th. S. 429. und die von dem Baron von Canstein verfaßte und von D. Langen vermehrt herausgegebene Lebensbeschreibung desselben, Halle, 1740 in 8v.

Num. 276. 415. 422. 1028. 1067. 1092. (s. seine geistreiche Gesänge 1710. Gr. v....)

235. **Spener,** (D. Christian Maximilian) Königl. Preußischer Hofmedicus in Berlin, jenes vierter Sohn.

Num. 821. (s. des Vaters 1710 zusammengedruckte Lieder, woselbst es S. 17 stehet mit den Anfangsbuchstaben C. M. S. D. Gr. v. ...)

236. **Spengler,** (Lazarus) börderster Rathsschreiber zu Nürnberg, geboren 1479 den 13 März, † 1534 den 7 Sept. S. Urban Gottlieb Haußdorffs Lebensbeschreibung desselben, Nürnberg, 1741 in groß 4t.

Num. 578. (s. Joh. Mich. Dilhers irdischer Menschen himmlische Engelfreude, Nürnberg, 1685 in 12mo. Gr. v.... und letzt gedachte Haußdorffische Lebensbeschreibung, c. 15. S. 375-460.)

237. **Speratus,** (D. Paulus) aus dem adelichen Schwäbischen Geschlechte der Spretter, geb. 1484, zuletzt Herzog Albrechts in Preußen Hofprediger und Bischof zu Liebmühl im Pomesanischen Creise in Preussen, † 1554 den 17 Sept. alt 70 Jahr. S. D. Daniel Heinrich Arnolds Historie der Königsbergischen Universität, 2 Th. S. 554 f.

Num.

---

*) Num. 248 (welches eine Uebersetzung des lateinischen Vita sanctorum ist) hat er auch gemacht. S. Schamelii Liedercommentar. S. 203.

Num. 657. 763. (f. das Königsbergische Gesangbuch in 8v.
Gr. v. . . . Gabr. Wimmers Liedererklärung, 3 Th. S. 283. im
gleichen M. Olearii Liederschatz, 1 Th. S. 79.126 f. Einige meinen,
Num. 763 sey nur von ihm verbessert worden.)

238. Stegmann, (Johann Caspar) von Cönnern, anfangs Feldpre-
diger 1713, hernach Pastor zu Harthum, zwey Meilen von Min-
den, † . . . .
Num. 333. 883. (laut Herrn D. Gottr. Aug. Franckens Zeugniß in einem Schreiben vom 24sten April, 1745. Gr. v. . . .)

239. Stegmann, (D. Josua) von Sulzfeld in Franken, erst Pastor
und Superintendent zu Stadthagen, hernach Professor Theolog. auf
der 1621 errichteten Universität Rinteln, † 1632 den 3 August, alt
44 Jahr. S. D. C. A. Dollens Lebensbeschreibung der Profess. Theol.
zu Rinteln, 2 Th. S. 103.
Num. 482. 1293. 1305. 1508. (f. seine erneuerte Herzensseuf-
zer, Lüneburg, 1633 und 1638 in 8v. Gr. v. . . .)

240. Steuerlein, (Johann) von Schmalkalden, Kaiserlich gecrönter
Poet, anfangs Stadtschreiber zu Wasungen, und hernach Stadtschul-
heiß zu Meinungen, † 1613 den 5 May, alt 67 Jahr. S. Lvdovici
de hymnop. Henneberg. S. 35. M. Joh. Sebast. Güthens Beschreibung der Stadt Meiningen, S. 80.
Num. 100. (f. Olearii Liederschatz, 1 Th. S. 53. † und Avenarii
Epistol. Christenschmuck, Arnstadt, 1722 in 4t.)
Der Herr Gr. v. . . . hat Johann Hermann Schein, und citiret dabey sein Cantional, Leipzig, 1627 und 1645 in 8v. S. oben n. 214.

241. Stockmann, (M. Ernst) anfangs Pfarrer zu Bayer-Naum-
burg, hernach Superintendent zu Alstädt, † 1712 den 28 April, alt
78 Jahr. S. Joh. Alb. Bierings Cler. Mansfeld. S. 237 und
Beyträge zu den Actis histor. ecclesiast. 2 Band, S. 1064.
Num. 456. (f. seine poetische Madrigalische Schrifftlust, Leipzig,
1701 in 8v. Gr. v. . . . und Wetzels Liederdicht. 3 Th. S. 264.)

242. Stockmann, (M. Paul) jenes Vater, von Lauchstädt, † nach
unterschiedlichen Bedienungen als Pastor und Senior Ministerii zu
Lützen 1636, alt 33 Jahr.
Num. 100. (f. M. Joh. Heinr. Kindervaters Betrachtung dieses
Liedes, Erfurt, 1724 in 8v. Gr. v. . . .) *)

243. Stoll,

---

*) Das Original dieses Liedes ist sehr
geändert. S. M. Johann Jacob

Gottschalds Liederremarquen, 6tes
Stück, S. 727 f. und Nürnbergischen

243. **Stoll,** (Johann) erst Cantor zu Reichenbach, hernach zu Zwikkau, und endlich 1604 Capellmeister zu Weimar.
Num. 247. (s. Serpilii Regensburgisches Liedermanual, und D. Christian Gotthilf Blumbergs Zwickauisches Gesangbuch, Zwickau, 1710 in länglich 12mo, S. 378. Gr. v...)

244. **Strobel,** (Johann Friedrich) Gräflich-Wolffsteinischer Superintendent, † 1713 den 13 Novembr. alt 77 Jahr.
Num. 1412. 1421. (s. das Schönbergische Gesangbuch 1709 in 8v. Gr. v.... Wetzels Liederdicht. 3 Th. S. 275 und M. Gottlob Kluges Begräbnißlieder, S. 785.)

T.

245. **Thilo,** (M. Valentin) geb. 1607 den 19 April zu Königsberg, Professor der Oratorie zu Königsberg, † 1662 den 27 Jul. alt 55 Jahr. S. D. Arnolds Historie der Königsbergischen Universität, 2 Th. S. 408.
Num. 13 die ersten drey Verse. (s. Serpilii Prüfung des Hohenstein. Gesangbuchs, S. 311.) Num. 162. 1448. (s. das Königsbergische Gesangbuch in 8v. Gr. v....)

246. **Titius,** (Christoph) geb. 1641 den 24 May zu Wilkau, einem Dorfe im Breßlauischen Fürstenthum, zuletzt Pastor und der Schulen Jnspector in Hersbruck bey Nürnberg, † 1703 den 21 Februar. alt 62 Jahr.
Num. 619. 627. 1154. (s. seine Morgen- und Abend- Catechißmus- und Tisch- Buß- und Communion- Lob- und Fest- Klag- und Trost- Wetter- Grab- und Himmelslieder, Nürnberg, 1701 in 24mo. Gr. v.... Wetzels Liederdicht. 3 Th. S. 296. und Serpilii zufällige Gedanken rc. Regenspurg, 1703 in 8v. S. 18.)

247. **Tribbechovius,** (M. Johann) anfangs Professor Philosoph. extraord. zu Halle, hierauf Prinz Georgens von Dännemark Hofprediger in London, und hernach erwählter Probst des Closters zu U. L. Fr. in Magdeburg, † zu Tännstädt in Thüringen 1712 den 31 März, alt 34 Jahr.
Num. 771. 1064. 1187. 1476. (s. sein Leben im Hallischen Liebes- und Ehrengedächtniß, Halle, 1712 in Fol. Gr. v.... Wetzels Liederdicht. 3 Th. S. 316.)

V. U.

sches Gesangbuch 1665 in 8v. S. 332. In Schamelii Liedercommentar. S. 152 heisst es: „ Herr D.

„ Joachim Weickhmann, Senior zu „ Danzig, hats corrigiren wollen. „

D

V. U.

248. **Vischer** *) ober Fischer, (M. Christoph) aus dem Joachims-
thal, nach verschiedenen Aemtern Hofprediger zu Zelle, † gegen 1594.
S. Wetzels Liederdicht. 1 Th. S. 235. Schamelii Liedercommen-
tar. S. 83. Wimmers Liedererklärung, 1 Th. S. 302. M. Grossens
Jubelpriester-Lexic. 1 Th. S. 109.
Num. 230, 312 (welches letztere aber nicht so gewiß ist) (s. Olearii
Liederbiblioth, S. 30. 42. und dessen Anmerkungen über Fischers
Paßionslied, 1719 in 12mo, LVDOVICI de hymn. et hymnopoeis
Henneberg. S. 14. Gr. v. . . .)

249. **Under-Eyck**, nicht Unter-Eick, (Theodorus) Prediger in Bremen an der Martinikirche, † 1693. **) S. D. Speners letzte theol.
Bedenken, 3 Th. S. 71.
Num. 553. (s. Mich. Lilienthals des Singens vernünftigen Gottesdienst, Königsberg, 1736 in 8v. M. Gottschalds Liederremarquen, 4te Piece, S. 472. 6tes Stück, S. 788. Einige schreiben es
einem andern, Namens Buchhelder oder Buchfelder, Prediger in
Emden, Under-Eycks Freunde, zu. (s. Gottschalds Liederremarquen,
3 Piece, S. 390.) S. die Anmerkung im Register.

250. **Vollbrecht**, (Lic. Ludwig) weiland ein Jurist in Nürnberg.
Num. 625. (s. sein Davidisches Bußpsalterlein, darin D. Heinrich
Müllers geistliche Seelenmusic mit eingedruckt ist. Gr. v. . . .
Wetzels Liederdicht. 3 Th. S. 346.)

251. **Vorberg**, (George Sigismund) weiland Obercämmerer in
Bautzen.
Num. 662. 1389. (s. Baron von Cansteins Vorrede zu D. Spe-
ners letzten Bedenken, S. 11. † Wetzels Liederdicht. 3 Th. S. 346.
M. Kluges Begräbnißlieder, S. 601.)

W.

252. **Walther**, (M. Johann) Churfürst Johann Friedrichs zu
Sachsen Capellmeister, ein Freund Lutheri. S. Schamelii Liedercommentar. S. 133.

Num.

---

*) Er schreibt sich M. Christoph Vi-
scher, der ältere.

**) Er hat verschiedene Schriften her-
ausgegeben, als die Braut Christi
unter den Töchtern zu Laodicea, Cas-
sel, 1670. 1697 in 8v. Wegweiser

zum wahren Christenthum, Bremen,
1676 in 12mo; der närrische Atheist,
Bremen, 1689. 1722. Halleluja, d. i.
GOtt in den Sündern verkläret,
Bremen, 1678. 1722. Hamburg, 1730
in 8v. Der einfältige Christ, 1705
in 8v.

Num. 632. (welches von andern Baſilio Förtſch zugeſchrieben wird) Num. 1426. (das andere Melchior Franck beylegen, ſ. Wetzels Liederdicht. 1 Th. S. 276.) Num. 1431. (ſ. ſein Hallelujah, Berlin, 1634 in 8v. Gr. v. . . .)

253. **Wegelin,** (M. Joſua) Anfangs Pfarrer zum H. Geiſt in Augſpurg, und darnach Pfarrer und Senior zu Preßburg in Ungarn. Num. 291. (ſ. ſeine Gebete und Lieder 1660 in 12mo. Gr. v. . . .) Das Original fängt an: Allein auf Chriſti Himmelfahrt ꝛc.

254. **Wegleiter,** (D. Chriſtoph) geboren zu Nürnberg 1659 den 22 April, Profeſſor Theologiä und Diaconus zu Altorf, † 1706 den 16 Auguſt, alt 47 Jahr. S. D. Zeltners vit. theolog. Altorphin. S. 435. Num. 224. (ſ. Johann George Meintels Erklärung dieſes Liedes mit D. Joh. Auguſtin Dieselmai:rs Vorrede, Nürnberg, 1748 in 8v.) Num. 392. (ſ. D. George Paul Hönns Nachricht von einer Geſellſchaft in Franken, 1736 in 8. Gr. v. . . .)

255. **Weigel,** (Valentin) Pfarrer zu Zſchopau in Meiſſen, geb. 1533 zu Hain, † 1588 den 10. Jun. S. allgemeines hiſtor. Lexic. tom. IV S. 161 und 1. z. HILLIGERI vita Weigelii, Witteb 1721 4t. Num. 824. (nach dem Liederverzeichniß in Wetzels Liederdicht. 4 Th. in der Vorrede.)

256. **Weingärtner,** (Sigismund.) ein alter, aber unbekannter Prediger in oder bey Hellbrunn, nach Johann Chriſtoph Olearii Lieberſchatz, 4 Th. S. 65. Wimmers Liedererklärung, 4 Th. S. 24. Num. 1126. (ſ. Olearii Liederbiblioth. S. 17. und Tenzels monatliche Unterredungen, 1705. Repof. 2, Fach 1, S. 22. Gr. v. . . .)

257. **Weiſe,** (M. Chriſtian) geb. 1642 den 30 April zu Zittau, Rector in Zittau, † 1708 den 21 Octobr. alt 66 Jahr. S. SAM. GROSSERI vita Weiſii, Leipzig, 1710 in 8v. Num. 112. 406. 1103. (ſ. ſeine Buß- und Zeitandachten, Buttßin, 1720 in 8v. Gr. . . . Wetzels Liederdicht. 3 Th. S. 386.)

258. **Weiß,** (Johannes) von der Mittweide, der zu Lutheri Zeiten gelebet hat. Num. 1401. (ſ. Lutheri Werke tom. VIII Fol. 571 b oder tom. XXII Lipſienſ. S. 283 b f. Dan. Sciffarts delic. meli. S. 369. Wetzels Liederdicht. 3 Th. S. 396. Dagegen meinet Olearius im Liederſchatz, 4 Th. S. 23, es habe Lutherus ſich verſchrieben, und Johann

hann für Michael Weiß gesetzt. Man sehe auch Wintmers Liedererklärung, 4 Th. S. 692.

259. **Weiß,** (Michael) Pfarrer zu Landseron und Fullneck in Böhmen, ums Jahr 1539. S. Olearii Liederschatz, 1 Th. S. 18 u. a. m. Num. 5. 9. 14. 20. 28. 176. 245. 609. 831. 1223. 1457. 1499. 1501. 1503. 1534. (s. das Kirchengesangbuch der Brüder in Böhmen und Mähren von den Jahren 1535. 1560. und 1606 in 4t. Gr. v. . . . . besgleichen Johann Horns Gesangbuch der Brüder in Böhmen und Mähren, Nürnberg, 1564 in 8v. 1575 und 1596.) *)
　Ueber Num. 831 und 1223 sehe man das Picardische Gesangbuch, Ulm 1539. in 4t. S. Seiffarts delic. melic. S. 370 s. und Wetzels Liederdicht. 3 Th. S. 402 s.

260. **Weissel,** (George) weiland Prediger in Königsberg.
　Num 12. (s. das Preußische Kirchengesangbuch in 8v. nach dem Zeugniß des sel. D. Frantz Alb. Schultzens, Prof. Theol. in Königsberg. Gr. v. . . .) Wetzel in Liederdicht. 3 Th. S. 406. und Schamelius im Liedercommentar. S. 412 haben von diesem Verfasser gar nichts zu melden gewußt.

261. **Weissenborn,** (D. Johann) geboren 1644 den 21 Nov. zu Sieglitz bey Naumburg, nach verschiedenen Aemtern Kirchenrath, Superintendent, Consistorialassessor und Pastor, wie auch Professor Theolog. zu Jena, † 1700 den 10 April, alt 55 Jahr. S. M. 10. CASP. ZEUMERI vit. Profess. theol. Ienens. S. 252.
　Num. 1077. (s. sein Schmalcaldisches Gebetbuch 1706 in 8v. Gr. v. . . . . Wetzels Liederdicht. 3 Th. S. 406.)

262. **Werenberg,** (Lic. Heinrich Jonathan) geb. 1651 den 1 Sept. zu Eilenburg, nach verschiedenen Bedienungen in Schulen und Kirchen Superintendent und Pastor zu St. Nicolai in Lüneburg, † 1713 den 8 Jun. alt 62 Jahr. S. Joh. George Bertrams Lüneburgische Kirchenhistorie, Cap. 15. S. 577.
　Num. 564. (laut des sel. Hrn. D. Haubers handschriftlichem Liederverzeichniß, welches aber doch noch näher zu untersuchen ist.)

263. **Werner,** (D. George) von Bopfingen in Schwaben, Professor Juris zu Helmstädt, und Wolfenbüttelischer Hofgerichts-Assessor, † 1671 den

---

*) Ein Verzeichniß viel mehrerer Ausgaben der Gesangbücher der Böhmischen Brüder s. im Anhange zu

D. Krafts theolog. Bibliothek, im 5 oder 135 Stück, S. 444 s.

ben 28 Sept. alt 64 Jahr. S. FREHERI *theatr. erudit.* S. 1196.
SCHMIDII Juriſten gute Chriſten, S. 188.
Num. 233. (ſ. ſeine hundert Pſalmen Davids, Königsberg, 1638
in 8v. Gr. v. . . . Wetzels Liederdicht. 3 Th. S. 409.)

264. Wiegleb, (M. Johann Hieronymus) geboren 1664 den 19
Jul. zu Pferdingsleben in der Grafſchaft Hohenlohe, erſt Subconre-
ctor zu Gotha, hernach Diaconus und Rector, darauf aber Paſtor zu
Glaucha an Halle, † 1730 den 26 Octobr. alt 67 Jahr. S. deſſen
Lebenslauf bey Gotth. Aug. Franckens Leichenpredigt auf ihn. Halle,
1731 in 4t.
Num. 650. (nach dem Zeugniß ſeiner Frau Witwe † und nach
ſeinem eigenen ehemals in Wernigeroda gethanen Bekäntniß.) S. Wetzels Liederdicht. 3 Th. S. 419.

265. Wiegleb, (Johann Andreas) Candidatus Theologiä, jenes
Sohn, † 1716 den 30ſten October, alt 21 Jahr und 7 Monate.
Num. 55. (ſ. väterliches Denkmaal, Halle, 1717 in 8v. S. 14.†
und A. H. Franckens Trauerrede auf Jungfer Johannen Eleonoren
Wieglebin. Halle, 1721 in 8v. S. 56. Wetzels Liederdicht. 3 Th.
S. 420.)

266. Wieſenmayer, (Burchard) iſt zur Zeit unbekannt, was er geweſen, wie Wetzel und Schamelius berichten.
Num. 1495. (ſ Quirsfelds geiſtlichen Harfenklang, 1679 in
12mo. Gr. v. . . .)

267. Wilhelm, Herzog zu Sachſenweimar, geb. 1598 den 11 April zu
Altenburg, Oberhaupt der fruchtbringenden Geſellſchaft, der Schmack-
hafte genannt, † 1662 den 17 May, alt 64 Jahr.
Num. 495. (ſ. Jöchers Gelehrten Lexicon. Gr. v. . . . D.
Blumbergs Zwickauiſches Geſangbuch. S. 443. Eine Erklärung dieſes Liedes ſtehet in M. Joh. Götzingers Lehr- Buß- Bet- und Troſt-
liedern, 1 Th. S. 1 f. Johann Niedling, Schulcollege zu Altenburg,
hat es zuerſt in ſein dem Altenburgiſchen Handbuche beygefügten Ge-
ſangbüchlein mit einbrucken laſſen.)

268. Winckler, (Johann Joseph) geb. zu Luckau in Meiſſen 1670
den 23 Dec. Königl. Preußiſcher Conſiſtorialrath und erſter Dompre-
biger, in Magdeburg, † 1722 den 11 Auguſt, alt 52 Jahr. S. M.
Friedr. Gottlieb Kettners *Clerum Mauritianum,* S. 33.
Num. 711. 731. 774. 781. 964. 1097. 1155. 1280. 1306. 1396. *)

D 3 (nach)

*) Num. 1396 hat er auf die Fr. Inſp.
Barbara Cordula Kalckberne-
rin, geb. von Lautter, die 1711 ge-

ſtorben, verfertiget, bey deren Epicediis es auch S. 107 zu finden
iſt.

(nach seiner Fr. Tochter, der Frau Consistorialräthin Suero, Zeugniß. Gr. v. . . . . Wetzels Liederdicht. 3 Th. S. 436.)

269. Winter, (Erasmus) Pfarrer zu Meuselwitz im Fürstenthum Altenburg, † 1611 den 17 Sept. alt 63 Jahr.
Num. 1075. (s. seinen Seelenschatz, Nürnberg, 1687. in 8v. Gr. v. . . .)

270. Wolf, (D. Jacob Gabriel) aus Greifswalde, Königl. Preußischer Hofrath und Professor Juris ordinar. in Halle, † 1754 den 6 August, im 71sten Jahre seines Alters. S. Hallische Beyträge zu der Juristischen Gelehrten Historie, 2ten Band, Halle, 1758 in 8v. S. 607. und von Dreyhaupts Saalcreis, 2 Th. S. 753.
Num. 412. 416. 463. 743. 876. 878. 912. 921. 1001. 1004. 1005. 1022. 1042. 1094. 1130. 1167. 1168. 1236. 1283.
(nach seiner eigenen dem Herrn Insp. Grischow im Jahr 1745 gegebenen Nachricht.)
Der Herr Gr. v. . . . hat auch Num. 565. Wohl dem, der sich mit Ernst bemühet, daß er ein Jünger Christi sey 2c. welches im Hallischen Stadtgesangbuche Num. 624 heisst: Wohl dem, der sich mit Ernst bemühet, daß er ein Streiter Christi sey 2c. *)

271. Wolfin, (Tranquilla Sophia) des Consistorialraths Wolfs in Halle **) Tochter, welche im Jahr 1694 an Herrn Johann Heinrich Schröder (siehe oben N. 223) verheyrathet worden, aber bald gestorben ist.
Num. 877. 1335. (nach dem Zeugniß des sel. Herrn Past. Freyling-

---

) Aus seiner Bücherauction zu Halle 1755 ist mir sein schriftliches Verzeichniß der von ihm verfertigten Lieder in 4t. zu Theil worden, darin 28 geschriebene Lieder von ihm stehen; doch findet sich Num. 565 nicht mit darunter. Ausser obigen 19 (die alle darin befindlich sind) sind noch folgende 9 darin anzutreffen: 1) Ach lasst uns die Demuth lieben 2c. 2) Es die Weisheit lässt sich hören 2c. 3) Hör, Seele, die du christlich heisst 2c. 4) Ich höre, daß, wer JEsum liebet 2c. 5) JEsu, dich will ich jetzt preisen 2c. 6) Mein Geist, mache dich bereit 2c. 7) O mein JEsu, meine Wonne 2c. 8) Seele, du musst

dich recht üben 2c. 9) Wer die wahre Weisheit liebet 2c.

**) In Halle ist mir kein Consistorialrath Wolf bekannt worden, der um damalige Zeit gelebet habe, wie mir denn auch die Jahrzahl 1694 zweifelhaft ist: indem ich aus des sel. Hrn. Consistorialraths D. Johann Christian Olearii handschriftlicher Nachricht von den von ihm examinirten Candidaten des Ministerii ersehe, daß gedachter Herr Johann Heinrich Schröder, als zukünftiger Pastor in Meseberg, erst 1696 Donnerstags den 9 Julii von ihm examiniret worden, auch wohl bestanden habe.

linghausens. S. Wetzels Liederdicht. 4 Th. S. 446 unter dem Namen Schröderin.)

272. Wülfer, (M. Daniel) geb. zu Nürnberg, 1617 den 3 Jul. Professor publicus und Prediger an der St. Lorentzkirche zu Nürnberg, wie auch Graf Joachim Ernsts von Dettingen Kirchen- und Consistorialrath, † 1685 den 11ten May, alt 68 Jahr.

Num. 825. 1232. (s. sein Denkmaal der letzten Dinge. Nürnberg, 1648 in 12mo. Gr. v. .... Wetzels Liederdicht. 3 Theil, S. 450.)

Z.

273. Zehner, (D. Samuel) geb. zu Suhla 1594 den 4 May, Diaconus und hernach Archidiaconus zu Meinungen, seit 1634 aber Pastor und Superintendent zu Schleusingen, † 1635 den 27 April, alt 41 Jahr. S. M. Weinrichs Henneberg. Kirchen- und Schulenstaat, S. 436. LVDOVICI de hymnopoeis Henneberg. S. 43. Num. 681. welches kurze Lied er zu der Zeit verfertiget, als A. 1633 die Croaten in der Vorstadt zu Schleusingen die so genannte Bärschmiede abgebrannt. (s. Olearii Liederschatz, 2 Th. S. 141. Wetzels Liederdicht. 3 Th. S. 459.)

274. Zeller, (Bernhard Eberhard) ein gewesener Prediger in dem Würtembergischen. S. Graf Henckels letzte Stunden, 3 Th. S. 119. Num. 1348. (s. sein Zeugniß eines guten Gewissens, Hamburg, 1692 in 4t. Gr. v. .... Wetzels Liederdicht. 4 Th. S 509.)

275. von Zesen, (M. Philipp) ein Poet von Fürstenau in Sachsen, in der fruchtbringenden Gesellschaft der Wohlsetzende, † zu Hamburg 1685 den 13 November, alt 70 Jahr.

Num. 2. (s. seiner gecreutzigten Liebesflammen oder geistlicher Gedichte Vorrath, 1653 in 12mo. Gr. v. .... M. NEVMEISTERI diss. de poetis germanic. S. 118. Wetzels Liederdicht. 3 Th. S. 461.)

276. Ziegenspeck, (Michael) Pfarrer und Senior zu Raniß, einem Städtgen bey Saalfeld in Thüringen, zu Anfange des 17ten Jahrhunderts.

Num 1529. (s. das Coburgische Gesangbuch vom Jahr 1630 in 8v. Gr. v. .... Schamelii Liedercommentar. S. 138.)

277. Ziegler, (D. Caspar) geb. zu Leipzig 1621 den 15ten Septembr. Professor Juris, wie auch Appellations, und Consistorialrath zu Wittenberg, † 1690 den 17 April, alt 69 Jahr. S. PIPPING. memor. theolog. dec. VII. S. 1042. und dessen Leben und Schriften in des Herrn geheimen Raths Dan. Nettelbladts Hallischen Beyträgen zu der Juristischen Gelehrten Historie, 1 Band, S. 483 f.

Num. 62. (s. Serpilii Fortsetzung der zufälligen Liedergedanken, S. 194. ‡) Num. 1506. (s. D. Götzens Annabergisches Denkmaal, Lübeck, 1723 in 8v. Gr. v. . . .)

Num. 1506 schreibet Wetzel in Liederdicht. 3 Th. S. 365 M. Paul Webern, Prediger zu Nürnberg, † 1696 den 3 Jul. alt 71 Jahr, zu. Man sehe auch Wimmers Liedererklärung, 3ten Theil, S. 473.

278. Zihn, (M. Johann Friedrich) geb. zu Suhla 1650 den 7. Sept. erst Rector und hernach Archidiaconus zu Suhla, † 1719 im Januar.

Num. 459. (s. LVDOVICI de hymnopoeis Hennebergiæ. S. 45. und Serpilii Regenspurgisches Liedermanual 1710 in 8v. Gr. v. . . . desgleichen M. Joh. Christoph Olearii Arnstädtisches Gesangbuch, 1708 in länglich 12mo, S. 412.

279. Zwick, (D. Johann) Prediger zu Costnitz, seiner Vaterstadt, 1525. † 1542. S. FRID. MYCONII histor. reformat. in D. Cypriani Urkunden der Reformationsgeschichte, 2 Th. S. 65.

Num. 292. (s. der Böhmischen Brüder Kirchengesangbuch vom Jahr 1606 in 4t. Gr. v. . . . und Serpilii Prüfung des Hohensteinischen Gesangbuchs, S. 361 f.)

Register
über die Gesänge
im Freylinghausenschen Gesangbuche nach der neuesten Ausgabe
von 1771
nach dem Alphabet,
mit beygesetzten Namen der Verfasser.

Die vördersten Ziffern zeigen die Numern der Lieder in dem Freylinghausenschen Gesangbuche an.

Die hintersten Ziffern weisen in die Numern der vorstehenden Nachricht von den Liederverfassern.

A.

D 5   1289 Ach

570 Ach

(*) Diß Lied ist eine Verbesserung eines alten Liedes, das sich anhebt: Der Gnadenbrunn thut fliessen, den soll man trinken :: auch von sechs Versen, und welches sich findet im Nürnbergischen Gesangbuch 1626

in 8v. S. 674. imgleichen in dem Gesangbuche der Churf. Sächs. Hofcapelle zu Dresden, Leipzig 1673 in 4t. S. 926, da es ein geistlicher Bergreihen genannt wird.

Register über die Gesänge

nach dem Alphabet.

E   900 Du

E 2   28 Es

---

*) In der vorstehenden Nachricht n. 249 S. 50 ist zwar Theodor Under-Eyck als Verfasser des Liedes Num. 553 angegeben; doch aber dabey bemerket worden, daß es andere einem, Namens Buchfelder, zugeschrieben. Nachher habe in einem Schreiben Hrn. J. J. G. Wideburgs, Rectoris zu Norden in Ostfriesland, an den Hrn. Insp. W. in Halle vom 8ten Jenner 1770 folgende Erinnerung gefunden: „An statt Under-Eyck „setze man Buchfelder Dieser Re-„formirte Prediger in Emden hat „gewiß gemacht; wie in MEINERS „kerkelyke Geschiednisse van Ost-„vriesland bezeuget wird, auch in „Emden noch vielen bewußt ist. „

E 3   5 GOtt

*) S. Freylinghausens Einleitung zur Erkäntniß und Gebrauch des Leidens und Sterbens Christi, S. 204.

Register über die Gesänge

1297 GOtt,

---

*) Ueber dis Lied ist herausgekommen Franc. Alb. Pflaums Beschäffti-gung der Seele mit dem Himmli-schen, erste Samlung, Schwabach 1756 in 8v. Eine Erzehlung von diesem Liede s. in D. Fresenii Pa-storalsamlungen, im 3ten Theil, S. 395.

**) In einigen Gesangbüchern stehet dar-unter: Die Böhmischen Brüder. Der Text selbst ist genommen aus Psalm 67, 2. 3. 7. 8.

E 4   461 HErr,

---

*) Der ungenannte Verfaſſer des ſin-
genden und lobenden Davids, ſ.
D. Baumgartens Nachrichten von
merkwürdigen Büchern, 64ſtes Stück,
S. 301 f.

nach dem Alphabet.

E 5

699 Hilf

*) In andern Gesangbüchern, fängt sich dis Lied an: Wir leben hier nur in der Flucht, als auf den Wasserwogen 2c.

1094 Ihr

*) Fängt sich in einigen Gesangbüchern an: Sehe, Christen, doch, daß ihr aussegt rc.

Register über die Gesänge

K.

1200 Komm,

---

*) Ist aus Arndts Paradißgärtlein über das Gebet vom sechsten Gebot verfertiget.

L.

M.

1394 Mein

*) Der es auf Johann Tribbechovii Absterben 1712 verfertiget. S. dessen Funeralien in Folio, Bogen S.

F

Register über die Gesänge

nach dem Alphabet.

F 2   169 Nun

*) Eine schöne Erklärung dieses Liedes findet man in des sel. Hrn. Superintend. Samuel Lau Seligkeit der Gläubigen in der Gemeinschaft JEsu Christi, Wernigeroda, 1735 in 8v.

O. 1308

F 3

725. O

*) Diß ist wol unrichtig. Die Poesie
des Liedes ist zu neu, es stehet auch nicht
in dem n. 259 angegebenen Kirchengesangbuch der Böhmischen Brüder von 1606. Einige schreiben es
C. J. Keisch zu.

Register über die Gesänge

F 4 213 O

*) Bey dem sichs mit Vers 2 anfängt:
Zeuch mich nach dir, so laufen
wir 2c.

**) Siehe desselben Einleitung zur Er-
käntniß und Gebrauch des Leidens
Christi, S. 206.

Register über die Gesänge

911 O

F 5

776 Schaf.

19 Stär

Register über die Gesänge

88 Uns

441 Weg,

*) In Wetzels Liederdicht. 3 Th. S. 269 wird dieses Lied Johann Leonhard Stöberlein zugeschrieben. Dieser war ein Apotheker zu Nürnberg, in dem Pegnesischen Blumenorden Polyanthus genannt, † 1696 den 30sten September, alt 60 Jahr. Ein ander Lied, das sich aber anfängt: Was giebst du GOtt, o meine Seele ꝛc. hat Benjamin Schmolcke gemacht.

**) Dis Lied ist ohnstreitig älter. D. J. Gesenius soll das Lied verfertiget haben: Was kan ich doch für Lob dir, Vater, singen? Kein Mensch ꝛc. welches im Hallischen Stadtgesangbuche Num. 771 stehet.

1166 Wer

*) Ueber dis schöne Lied habe ich A. 1751 kurze Paßionsbetrachtungen mit einigen Anmerkungen herausgegeben, Halle, in 8v.

*) Es hat derselbe solches auf des sel. D. Johann Heinrich Michaelis Eheliebste, Fr. Eleonora, geb. Kur- pitzin, welche 1711 den 29 Octobr. in Halle gestorben, verfertiget. S. ihre Funeralien, in Fol. Halle, 1711 S. 32.

G

Register über die Gesänge nach dem Alphabet.

Verglei-

Vergleichung der Numern
von den
Liedern im Freylinghausenschen Gesangbuche,
nach den Ausgaben von 1741 und 1771. *)

Ausg. von 1741. Num.	Ausg. von 1771. Num.	Ausg. von 1741. Num.	Ausg. von 1771. Num.	Ausg. von 1741. Num.	Ausg. von 1771. Num.	Ausg. von 1741. Num.	Ausg. von 1771. Num.	Ausg. von 1741. Num.	Ausg. von 1771. Num.
9	10	123	124	275	276	339	340	491	493
10	9	124	118	276	275	340	339	492	491
17	18	176	177	280	281	358	360	493	492
18	17	177	179	281	280	359	358	494	495
26	27	178	176	293	295	360	359	495	494
27	26	179	180	295	296	381	383	505	506
33	34	180	178	296	293	382	381	506	505
34	33	188	189	300	301	383	382	554	555
45	46	189	188	301	300	402	403	555	554
46	45	190	191	303	304	403	402	563	564
47	48	191	190	304	303	407	408	564	563
48	47	201	202	305	307	408	407	573	574
52	53	202	201	306	305	414	415	574	573
53	52	204	206	307	306	415	414	600	601
57	58	205	204	315	316	422	423	601	600
58	57	206	205	316	317	423	422	629	630
64	65	208	209	317	315	431	432	630	629
65	64	209	208	318	320	432	431	643	644
73	74	227	230	320	322	437	438	644	645
74	73	228	227	321	318	438	437	645	643
82	83	229	228	322	321	456	457	660	661
83	82	230	229	324	325	457	456	661	660
92	94	244	245	325	324	465	466	681	683
93	92	245	246	331	332	466	467	683	682
94	93	246	247	332	333	467	465	688	689
115	116	247	244	333	331	468	469	689	690
116	115	258	260	334	335	469	468	690	688
118	119	259	258	335	334	470	471	740	741
119	120	260	259	336	337	471	470	741	740
120	121	262	263	337	338	478	479	754	755
121	123	263	262	338	336	479	478	755	754

G 2

*) In der Nachricht der Liederverfasser hat man sich bey allen Numern der neuen Ausgabe von 1771 bedienet.

Vergleichung der Numern von 1741 und 1771.

Ausg. von 1741. Num.	Ausg. von 1771. Num.	Ausg. von 1741. Num.	Ausg. von 1771. Num.	Ausg. von 1741. Num.	Ausg. von 1771. Num.	Ausg. von 1741. Num.	Ausg. von 1771. Num.	Ausg. von 1741. Num.	Ausg. von 1771. Num.
757	758	911	910	1105	1106	1277	1276	1457	1458
758	757	921	922	1106	1105	1298	1299	1458	1457
763	764	922	921	1110	1111	1299	1298	1459	1461
764	763	937	938	1111	1112	1307	1308	1460	1459
770	771	938	937	1112	1110	1308	1307	1461	1460
771	770	963	964	1117	1119	1313	1314	1464	1465
772	773	964	663	1118	1117	1314	1313	1465	1464
773	772	980	981	1119	1118	1333	1335	1475	1476
787	788	981	980	1125	1126	1334	1333	1476	1475
788	787	986	987	1126	1127	1335	1334	1482	1483
791	792	987	988	1127	1125	1339	1340	1483	1482
792	791	988	986	1128	1129	1340	1339	1495	1496
808	809	995	996	1129	1128	1345	1347	1496	1495
809	808	996	998	1143	1144	1346	1345	1500	1501
811	812	998	995	1144	1143	1347	1346	1501	1502
812	811	1016	1017	1149	1150	1366	1367	1502	1500
822	824	1017	1016	1150	1149	1367	1366	1503	1504
823	822	1021	1022	1152	1153	1370	1371	1504	1505
824	823	1022	1023	1153	1152	1371	1370	1505	1507
826	827	1023	1021	1162	1163	1380	1381	1507	1503
827	826	1032	1033	1163	1162	1381	1380	1522	1523
828	829	1033	1034	1179	1180	1382	1384	1523	1522
829	828	1034	1032	1180	1179	1384	1382	1549	1550
830	831	1046	1048	1200	1201	1407	1408	1550	1549
831	830	1047	1046	1201	1200	1408	1407	1557	1558
864	865	1048	1047	1204	1205	1413	1414	1558	1559
865	864	1059	1060	1205	1204	1414	1413	1559	1557
869	870	1060	1059	1213	1214	1425	1426	1567	1568
870	871	1073	1074	1214	1213	1426	1427	1568	1569
871	869	1074	1073	1222	1223	1427	1425	1569	1571
875	876	1076	1077	1223	1222	1428	1429	1570	1567
876	875	1077	1076	1251	1252	1429	1430	1571	1570
882	883	1080	1082	1252	1251	1430	1428	1576	1578
883	882	1081	1080	1275	1277	1432	1433	1577	1576
910	911	1082	1081	1276	1275	1433	1432	1578	1577

Anhang: Mein Heiland nimt ꝛc.

Noch

Noch einige

Anmerkungen.

Zu S. 4 n. 15.

Num. 1387: JEsus, meine Zuversicht ꝛc. wird alhier, nach Weßels, Schamelii und anderer Meinung, Hanns von Aßig zugeschrieben; es sind aber doch dabey Joh. Paul Oettels aufrichtige Nachrichten von diesem Osterliede angeführet, der den wahren Auctorem dieses Liedes für noch unbekannt hält. Gleich ietzo aber erhalte noch zur gelegenen Zeit folgende hieher gehörige Nachricht, die der Gräfliche Bibliothecarius zu Wernigeroda, Herr H. E. Raßmann, bereits A. 1770 den 19ten May nach Halle geschrieben hat, und die ich also nicht mit Stillschweigen übergehen kann:

In einem Gesangbuche unter dem Titul: D. M. Luthers. — — geistliche Lieder und Psalmen, auf sonderbaren Jhrer Churfürstl. Durchl. zu Brandenburg — — gnädigsten Befehl zusammengetragen, Berlin, 1653 in 8v. gedruckt durch Christoph Runge, finde eine Nachricht, die ich noch habe hinzufügen wollen. Es ist nemlich dis Gesangbuch der Marggräfin und Churfürstin zu Brandenburg,

burg, **Louise**, gebornen Prinzeßin zu Oranien ꝛc. ꝛc. *) dedici-
ret. In dieser Dedication oder Vorrede heisset es unter andern also:

„Zu geschweigen, daß **Ew. Churfürstl. Durchlaucht**
„zeither so unabläßig, und zwar, da Sie ferne von hier gewe-
„sen, um Beschleunigung solches Werkes erinnern, und solches
„Buch noch mit **Dero eigenen Liedern,** als

„Ein

---

*) **Louise Henriette,** älteste Prinzeßin Tochter Friedrich Hein-
richs, Prinzen von Oranien, war die erste Gemahlin des
Churfürsten zu Brandenburg Friedrich Wilhelms des Grossen,
welche A. 1646 den 27sten Nov. (7 December) im Haag mit
ihm vermählet worden. Sie war 1627 den 17 (27) Novemb.
im Haag geboren, und ist 1667 den 8ten Jun. zu Cöln an
der Spree verstorben; wie verschiedene auf sie geprägte Be-
gräbnißmünzen besagen. In des Herrn D. Carl Friedrich
Pauli allgem. Preußischer Staatsgeschichte, im 5ten Bande,
S. 374 wird von derselben unter andern Folgendes gemeldet:
„Gelassenheit und Freygebigkeit gegen die Armen waren ihre
„Haupttugenden. Das von ihr erbauete Schloß zu Oraniens-
„burg und das von ihr daselbst gebauete Waisenhaus sind
„Denkmäler, die sie sich gestiftet.„ Man sehe auch Caspar
Abels Preußische und Brandenburgische Reichs- und Staats-
historie, S. 247.

„ Ein ander stelle sein Vertrauen ꝛc.

„ GOtt, der Reichthum deiner Güte ꝛc.

„ JEsus meine Zuversicht ꝛc.

„ Ich will von meiner Missethat ꝛc.

„ vermehren und zieren wollen.   Es haben Ew. Durchl. in

„ den ietztgemeldeten geistreichen Ihren eigenen Liedern Dero

„ Christliches Gemüth, wie Sie allein Ihr Vertrauen auf GOtt

„ gerichtet, — — der Welt kundgemacht ꝛc.

Es sind von diesem Gesangbuche drey Exemplare auf Pergament gedruckt worden, davon eins in der Hochgräflichen Bibliothek befindlich ist.

Solchemnach wäre nunmehro die hohe Verfasserin zweyer in dem Freylinghausenschen Gesangbuche befindlichen Lieder, nemlich nicht nur: JEsus meine Zuversicht ꝛc. sondern auch: Ich will von meiner Missethat ꝛc. glücklich entdeckt.

Zu S. 17 n. 92 Z. 8 f.

Nach einem nachher gefundenen Bericht des Herrn Gr. v. . . . an den Herrn D. Fr. in Halle vom 14ten August 1756 ist folgende Verbesserung nöthig:

Von

Von des sel. Gotters Gedichten sind zwo verschiedene Manuscripte vorhanden. Das eine in 4t. führet den Titul der Harfe Davids, und enthält freye Uebersetzungen der CL Psalmen Davids in Liedern nach gewöhnlichen Melodien. Dieses ist nach dem Original copiret, und ist eine vollständige Samlung aller Gotterischen Psalmenübersetzungen. Das andere ist ein Fragment einiger Lieder unter des sel. Gotters eigener Hand, doch sind sie nicht alle von Einer Hand geschrieben. Dis enthält zusammen 30 Lieder, worunter aber auch einige von den Psalmenübersetzungen sich befinden, die von einer andern Hand hinzu geschrieben sind. Man kann es nicht für eine vollständige Samlung ausgeben, weil die vorbersten Blätter theils gar fehlen, theils nur halb vorhanden sind. Der sel. Grischow hat die letztere mit dem ersten in dem gedruckten Catalogo verwechselt. Auch das Lied Num. 371: O GOtt, wir ehren deine Macht ꝛc. kann aus beyden Handschriften nicht dargethan werden, daß es ein Gotterisches Lied sey, weil es sich nicht darinnen findet. So stehet es auch nicht in dem Gothaischen Gesangbuche von 1742, in welchem die Gotterischen Lieder von der Fr. Hofräthin Hülsemannin und dem Herrn Hofprediger Huhn sorgfältig bezeichnet sind.

Zu

❀) o (❀

Zu S. 24 n. 128.

Hievon habe hinterher noch Folgendes aus einem Brief-
lein des Herrn Insp. Grischow an mich von 1754 den 21sten
Jun. gefunden:

Num. 1426. [1427]: Du meiner Augen Licht 2c. hat Herr
Johann George Rehl, ehemaliger Informator bey den Wai-
senknaben, nachmaliger Prediger im Oettingischen, gemacht, teste
DN. FRANCKIO, der sich eine Weile nicht auf den Namen be-
sinnen können.   Herr M. Döderlein [damals Diaconus alhier
zu St. Moritz] saget, er sey 1726 gestorben; er habe ihn von
Person nicht gekannt, wol aber seine Wittwe und Kinder.   Ni
fallor, ist ein Sohn von ihm hier auf der Universität gewesen.

Zu S. 27 n. 139 Z. 7.

Nach vorgedachten Herrn Bibliothecarii Raßmanns An-
gabe, soll Num. 720: Der HErr ermahnt uns zum Gebet 2c. nicht Ernst Lange, sondern D. Heinrich George
Neuß, Superintendent in Wernigeroda, gemacht haben; mit
dem Beyfügen: Siehe desselben Zeopfer 2c. Wernigeroda, 1703
in 12mo oblong. (welches ich aber füriezo nicht mehr bey der
Hand habe.)

Zu

❋) o (❋

Zu S. 34 n. 175 Z. 3.

Eben derselbe meldet bey Num. 116: Das ist ein theures werthes Wort ꝛc. Der Auctor ist D. Heinrich Georg Neuß. Conf. desselben Hebopfer zum Bau der Hütten GOttes, Lüneburg, 1692 in 8v. alwo es S. 118 stehet.

Er ist geboren 1654 den 11ten Mart. zu Elbingeroda. Sein Vater Andreas war Chirurgus daselbst. Er wurde 1683 Conrector und 1684 Rector in Blanckenburg, 1690 Stadtprediger in Wolfenbüttel, 1692 Herzogs Rudolph Augusts zu Braunschweig Reiseprediger, 1696 Superintendens der Asseburgischen Inspection nach Remlingen, und in eben dem Jahr Superintendens, Consistorialrath und Ephorus Scholä zu Wernigeroda. Hier besorgte er einen Bibeldruck. [desgleichen eine Ausgabe von Arndts wahrem Christenthum 1713 in länglich 8v. u. s. f.] In eben dem Jahre 1696 wurde er zu Giessen Doctor Theologiä. Er starb den 30sten September 1718. [Dis Sterbejahr ist wol ein Schreibefehler, und soll 1716 heissen.]